LOS HOMBRES Y YO

(2)

AUTORA: Isabela de Castro
CO-AUTOR: Luis Conrado Gómez de Castro
Año: 2017

Contenido

3

Introducción

¿Qué decir? Exceptuando esta introducción, podemos decir que es un libro escrito por puño y letra por la protagonista de la historia, luego se el texto se convirtió en Word y de esta forma llega a sus manos, la primera parte estaba basada en hechos reales y ahora son hechos reales, aunque algunos nombres, no todos, fueron cambiados.

Es un libro familiar, lleno de recuerdos y sentimientos, en diferentes tiempos y situaciones en la vida, refleja un aprendizaje a base de caer y levantarse una y otra vez, cada capítulo es una experiencia en un momento diferente y relacionados con otros momentos.

Sin duda si usted buscaba una historia de amores que nunca se olvidan ante la adversidad de la vida este es su libro. Espero que lo disfrute, estoy seguro que será también acogido o mejor que la primera parte.

Tino

Tino ya dije que era un buen amigo mío, él estaba por julia pero julia no le hacía caso, ella estaba saliendo con el hermano de la mujer de nuestro jefe, quiero aclarar que cuando Julia fue despedida encontró un trabajo en una cafetería y como hacía falta personal me aviso para que fuera a trabajar con ella si quería, ya que yo tenía experiencia, quedando así Loli sola en la empresa de perfumes que más tarde Amir tendría que cerrar, como ya dije la relación de Tino y mía era una sólida amistad.

Tino quería ir a Francia a poner un negocio de hostelería y él podía pues tenía los medios económicos necesarios para montar su restaurante en Francia, Tino con el tiempo encontró un local en Francia muy asequible en un buen barrio y monto su restaurante, él y yo seguimos escribiéndonos pero como todo poco a poco lo fuimos dejando, dejamos de escribirnos sin saber porque, quizá el trabajo la pereza de escribir el caso que perdimos el contacto.

Julia seguía saliendo con el hermano de la mujer de mi jefe, él era viudo y tenía hijos ella estaba separada, Julia y yo nos hicimos amigas bueno eso creía yo, ella y yo y una amiga de ella íbamos a bailar a una discoteca que Julia conocía hace tiempo y era amiga del encargado, a veces no venía la amiga de Julia, e íbamos las dos solas, una de las veces que fuimos a bailar Julia y yo conocí a un hombre muy majo él estaba separado y tenía hijos, hicimos amistad y empezamos a salir, él me llevaba a casa y me recogía a veces me llamaba todas las noches, era un hombre muy respetuoso.

Llevábamos seis meses cuando una de las veces que yo no fui a la discoteca, Julia fue y por cosas del destino, Berna también fue, yo no sé qué hablarían porque al día siguiente me dijo Julia que se había encontrado con Berna y que habían estado hablando de mi lo que hablaran no lo sé pero desde ese día Berna no quiso saber mas de mí, dejo de llamarme, de hablarme y de salir conmigo hasta la fecha no sé qué hablarían de mí.

Poco tiempo después el jefe se jubilaba y cerro por los empleados fuimos al paro desde ese día no he vuelto a saber nada de ella. Yo cobre mi paro durante unos meses y después puse una tienda de modas pero la poca experiencia me jugo una mala pasada, alquile un local y abrí mi tienda en un sitio equivocado, entonces no tuvo mucho éxito, si tenía clientes pero no para poder hacer frente a los gastos, por lo tanto tuve que cerrar. Recuerdo un día de Reyes que en todo el día lo único que vendí fueron 35 €, que desmoralizada me quede, meses más tarde cerré la tienda con mucho dolor puesto que la había abierto con muchísima ilusión.

Amir

Amir y yo volvimos, ya dije que Amir era un hombre muy correcto y muy respetuoso, él venia siempre a buscarme a mi trabajo subía a mi casa si no íbamos a ningún sitio también salíamos con mi hija él viajaba bastante y me escribía postales cuando estaba fuera, también al regresar de sus viajes me traía regalos, igual que a mi hija, recuerdo una muñeca preciosa que le trajo que había que poner un disco a la muñeca y la muñeca hablaba, cantaba y andaba, así pasaba nuestra relación hasta que pasado un cierto tiempo Amir y sus viajes cada vez eran más largos, ya no escribía ni sabía a donde había ido a viajar había veces que desaparecía meses sin decir palabras, recuerdo un día que habíamos quedado con toda mi familia para ir al teatro con él y nos quedamos esperando, plantados porque no apareció.

Amir quería casarse conmigo porque se lo dijo a mi madre pero yo no sabía que pensar con tanta desaparición aparición, Amir tenía una hermana que estaba casada y tenía una situación económica muy buena, ella nunca aprobó que Amir y yo estuviéramos juntos, Amir era viudo y 20 años mayor que yo, lo que descubrí de Amir era que tenía dos hijos casi de misma edad por eso su hermana no aprobaba esa relación, la que iba a ser la mujer de su hermano era dos años mayor que uno de sus hijos, ahora comprendo a su hermana, ese era el motivo de la desaparición de Amir y porque no me decía nada, él me dijo que estaba esperando el momento de decírmelo pero yo ya no quise seguir con la relación no quería problemas con su familia ni con sus hijos.

Guardo a día de hoy un bonito recuerdo de esta relación porque fue un hombre encantador, respetuoso, atento y muy detallista, que me dio mucho cariño.

Ana

Ana era una compañera que yo tenía, ella era un poco mayor que yo y tenía una hija también, donde yo trabajaba estaba el jefe de Ana y un encargado que le llamábamos Sr. Eugenio, trabajando ahí conocí a uno chico vasco de buena posición llamado Eusebio él estaba en Madrid, por su trabajo era constructor ,recuerdo tenía un descapotable de ensueño, empezamos a salir y todo iba bien hasta que otra vez se repetía la misma situación, un día que yo libre yo no se lo que Ana hablaría con Eusebio, lo único que si que al día siguiente cuando yo volví a mi trabajo me encontré con los padres de Eusebio que habían venido desde San Sebastián hasta Madrid para hablar conmigo porque según mi jefe yo tenía un secreto que contarles, yo me quede pasmada porque yo no tenía ningún secreto que contar yo solo tenía a mi hija y eso no era ningún secreto puesto que su hijo lo sabía creo que mi consciente borro las cosas que me dijeron los padre porque lo único que recuerdo es que el Sr Eugenio me cogió del brazo me aparto de allí y me dijo que Ana era el peor bicho que había sobre la Tierra, claro esta con ese secreto tan grande que yo tenía según ellos y pudieron descubrir puesto que no había ningún secreto Eusebio dejo de hablarme casi ni me miraba, la verdad yo no entendía nada de lo que había pasado pero ahí no termina la cosa con Ana, otro día que yo libraba se presentó el padre de mi hija que parecía venia de un viaje de Zamora y le traía una muñeca a la niña de allí ,al día siguiente cuando yo volví a mi trabajo me dijo Ana que había estado el padre de mi hija y que habían estado hablando de lo buena persona que yo era, ahí pensé ya le has espantado ya vuelve y así fue no volvió si dejo la muñeca para la niña también entre con la condición de trabajar de mañana y me pidieron un favor de un día de trabajar por la tarde acepte porque yo no niego un favor a nadie, si lo puedo hacer eso se convirtió en una rutina y ya no querían cambiarme recuerdo que yo estaba con el Sr Eugenio de tarde pero salíamos tardísimo porque cerraban las otras cafeterías y los camareros se metían donde nosotros a jugar a los dados y a tomar cuba libres, gracias que el Sr. Eugenio vivía en mí mismo barrio y muy cerca de mi casa porque a veces nos daban las 5 de la madrugada, el Sr. Eugenio siempre me acompañaba a mi casa y no se iba hasta que no entraba en el portal, que buena persona ese hombre ,así que al poco tiempo entre lo que me hicieron y el cambio de turno decide marchar, lo que no comprendo porque estas mujeres me hicieron todo esto, ellas eran jóvenes guapas tenían sus parejas no entendiendo porque tanta maldad y falsedad.

En aquellos tiempos era muy fácil cambiar de trabajo enseguida encontrabas otro sitio para trabajar y sin tanta tonterías como ahora, comprabas un periódico ibas a la entrevista y si veían que eran lo que estaban buscando al día siguiente estabas trabajando, yo la verdad, ahora no entiendo eso de tanto currículo que ni siquiera los miran en la mayoría de los sitios pero yo entiendo que son otros tiempos…El caso es que yo en dos días estaba trabajando en otro sitio, ahí entre a trabajar de cajera, tenía unos compañeros muy majos, sobre todo para mi, había un encargado también porque el jefe no trabajaba el negocio además había una cosa muy curiosa entre nosotras digo nosotras porque éramos cuatro chicas y un chico en varios turnos Julio y yo estábamos de mañana, luego más tarde venia Tina y a las cinco más o menos venia Carmiña y Mary, que era la que me revelaba a mí, en la caja, Mary era la mayor luego iba Tina y después yo, lo curioso es que a Mary se le acercaban todos los chicos jóvenes y los actores digo actores porque allí había teatros e iban el fallecido Paco Valladares, Pedro Osinaga y alguno mas, a Tina se le acercaban todos los que estaban borrachos y a mi todos los mayores, yo me llevaba bien con todos hasta con las cocineras que me querían mucho, la verdad, guardo un grato recuerdo de todos ellos, trabaje muy bien ahí y fui muy feliz, fue el único sitio que las compañeras no hablaron bien de mi a nadie, de ahí me fui para casarme, recuerdo también a un cliente muy bueno llamado Antonio soltero que vivía con su madre, un hombre que me quería mucho y que era un fiel servidor, no había cosa que no se le pidiera que no hiciera, me dio mucha pena cuando le dije que me casaba se quedó clavado en el asiento donde estaba sentado, la cocinera que era muy bromista encima se metía con él de que yo me casaba, ahí es donde yo conocí al que después sería mi marido, es un sitio que recuerdo con mucho cariño porque desde el jefe hasta los compañeros fueron unas bellísimas personas.

Luis

Cuando conocí a Luis era un hombre simpático atento cariñoso y bastante detallista, pero la gente que le conocía no le gustaba para nada ese hombre para mí, decían que era el lobo con piel de cordero, a mí la verdad no me lo parecía pero claro como se dice yo estaba dentro y desde dentro no se ve nada, él era 17 años mayor que yo por aquellos tiempos yo seguía siendo menor de edad pues los hombres alcanzaban la mayoría de edad a los 21 y la mujer a los 23, él se portaba bien con mi hija, era algo que también valoraba mucho, fue pasando el tiempo él vivía en una casa con la prima de su padre mayor que él, sus padres estaban separados el padre vivía con su hermana en un piso del centro y la madre vivía en otro propiedad de ella pues la madre siempre estuvo trabajando, la relación con su familia era muy escasa pues creo que al padre y a su tía los vi una vez cuando presento y luego más tarde para presentarle a su primer nieto, a la madre la veía más a menudo aunque solo eran unos diez minutos pues siempre tenía prisa.

Luis tenía dos hermanas a una nunca la llegue a conocer, que era la más pequeña que él, solo conocí a la hermana mayor que vivía en Lugo y estaba casada con un sobrino de la prima que vivía con Luis, pues ella era de Lugo, la hermana era una mujer agradable menudita pero muy guapa a pesar de los 7 hijos que tenía así que llego el día en que decidimos casarnos a pesar de que la gente que nos conocía decía que no lo hiciera pero nunca se hace caso de las personas que saben más que tú.

Me case un 4 de junio 1976 aunque hubo un momento en el que yo decidí que no me iba a casar, yo estaba vestida ya de novia esperando el coche que me llevaría a la iglesia cuando decide que no me casaba recuerdo el corazón me dio un vuelco y me dije a mí misma que no me casaba, una prima hermana que estaba conmigo me dijo Mary no hagas eso y yo la repetí que no me casaba, pero en ese momento mi hermano mayor José Antonio llamo a la puerta para decirme que el coche estaba esperando no sé porque baje ¿destino o una mala actitud mía en ese momento? La boda ya empezó mal, tan mal que casi no tengo recuerdos de ella, cuando llegamos a la iglesia el cura se lo saltaba todo por llegar tarde, el que iba a ser mi padrino de boda no fue y en ese momento le sustituyo un tío mío para hacer de padrino, la madrina era amiga de Luis de bastantes años y era una chica un poquito mayor que yo ,más tarde en las fotos solo había fotos de Luis y de la madrina mi tío no salía en ninguna foto un desastre, y ya el convite ni os cuento prácticamente no se ni quien fue solo sé que a la hora del baile me puse a bailar con julio mi compañero de trabajo, y ahí Luis se reflejó tal y como era él, y seria durante el tiempo de matrimonio.

Fuimos a vivir a su casa con su prima yo deje mi trabajo y Luis vivía de una pensión de invalidez por una operación que sufrió unos años antes, poco tiempo después Luis reconocía a mi hija como su hija pues mi hija no estaba reconocida por su padre y llevaba mis apellidos, mí hija vino a vivir con nosotros pero estuvo poco tiempo porque la lleve más tarde con mi madre pues la violencia que tenía Luis era demasiado, yo iba a ver a mi hija y a mi madre todos los fines de semana, las Navidades también las pasaba con ella a pesar de los malos tratos que me dio y a pesar de tantísima violencia contra mí nunca consiguió que yo no fuera a ver a mí hija y mi madre

El 6 de abril de 1977 nacía mi primer hijo, cuatro días después el hospital yo cumplía 24 años, cuando nació mi hijo y Luis vino a verlo fue corriendo a su casa a decirle que tenía que ir a ver al niño para que viera que era igual que el encargado que yo tenía en el trabajo, increíble, cuando el niño cuando nació era igual que el meses más tarde cuando se le bautizo al niño no le compro ni siquiera un trajecito para el bautismo, le compro como un mono pequeño que le quedaba en el rastro que a media ceremonia el trajecito se le rompió por los `pies y madre que le tenía en brazos se pasó todo el tiempo con la mano en el pie del niño para que no se le viera el roto en las fotos que le hacían.

Luis y yo comenzamos nuestra vida vendiendo huevos y ajos de ambulantes por las casa nosotros comprábamos los huevos en granjas y después los vendíamos por las casa al principio nos costo pero luego la gente empezó a coger confianza y nos compraban todas las semanas aunque tanto trabajo para nada porque el todo lo gastaba en juego y nunca había nada en casa, gracias a la ayuda de Nona la madrina de mi hijo y a mi familia había algo, también el señor de la granja donde comprábamos los huevos nos hecho una mano, pero ya le dijo a Luis que tenía que cambiar porque así no se podía seguir pero Luis jamás cambio, mi segundo Hijo nació el mismo día de Nochebuena en el año 1981 recuerdo que al bautizo de mi segundo hijo Luis no fue, no, no fue al bautizo de su hijo, mi Hermano el pequeño tuvo que hacer de padre y de padrino y la verdad un lio el sacerdote preguntaba por el padre y mi hermano contestaba que era él, el sacerdote preguntaba por el padrino y mi hermano contestaba que era él, el sacerdote un poco mosqueado le pregunto pero... ¿Usted quién es el padre o el padrino? Mi hermano contesto que era las dos cosas.

Al cabo del tiempo yo empecé a quedarme muy mal de tanto sufrimiento, me salvo que yo nunca deje de tener contacto con mi familia y de que como ya dije todos los fines de semana iba a ver a mi hija y a mi madre, uno de los fines de semana mi madre noto que yo hacía algo raro con la comida y dio la voz de alarma a mi hermano el pequeño mi hermano vino hablar conmigo y me dijo que al día siguiente quería verme en casa de mama que cogiera a mis hijos mi ropa y no me moviera de allí nunca más y así lo hice, hoy todavía doy gracias por tener una familia como la que tengo porque una sola no ve la salida por ningún sitio y necesitas alguien para poder salir de una situación así y yo tuve la suerte de tener esta maravillosa familia que Dios me dio.

Cuando fui a casa de mi madre yo tenía que buscar trabajo eran tres niños por entonces y yo y no podía ni quería cargar a mi madre con todo eso, hacía mucho tiempo que no estaba en el mundo laboral pero como ya dije tenía mi maravillosa familia, mi hermano el mayor conocía a unas chicas que vivían en la moraleja que eran diseñadoras de moda eran dos hermanas y mi cuñada la mujer de mi hermano cosía para ellas, ellos preguntaron a estas chicas si alguna necesitaba una chica para cuidar de su niño de 3 años, así que me coloque para cuidar a su niño, era una casa muy grande, una de las hermanas estaba casada con un señor bastante mayor que ella, él tenía 7 hijos de su primer matrimonio vivían todos en la casa y también vivía la madre de él, había un matrimonio portugués que el marido se dedicaba a cuidar del jardín y hacer compras y la mujer a las tareas de la casa y yo para cuidar solamente al niño también había un chofer que recogía las prendas en casa de mi cuñada para repartirlas a las tiendas él se llamaba Jaime y nos hicimos bastantes amigos, hay estuve como un año o dos hasta que la vida iba a darnos otro golpe a toda mi familia y a mí, el seis de octubre era el cumpleaños de mi hermano el pequeño y estuvimos toda la familia con el comiendo en su casa, al día siguiente, el 7 de octubre, mi hermano el mayor fallecía de un infarto con tan solo 47 años dejando todavía a sus hijos muy jovencitos y a mi cuñada viuda muy joven también mi cuñada tenía la misma edad que mi hermano pues ella es un mes más `pequeña, fue un matrimonio unido y de mucho amor entre ellos.

Recuerdo cuando se casaron en el pueblo de nuestro padre, pues mi cuñada y mi hermano eran primos hermanos, nuestro padre y el suyo eran hermanos, fue una boda muy bonita y mi cuñada parecía una princesa, era muy guapa y aun a pesar de que ya es mayor no ha perdido su belleza, la boda duro como una semana de comida, y de fiesta de todo, yo lo pase estupendamente, por entonces tenía 11 años, luego vinieron a vivir con nosotros pues la casa donde vivíamos en el centro era muy grande, había dos salones grandes 5 habitaciones despensa cuarto trastero baño cocina y tenía tres balcones a la calle, recuerdo la lata quedaba a mi cuñada para que me peinara, pues ella tenía muy buenas manos para peinar como para pintar coser etc., así que a lo que voy, después del fallecimiento de mi hermano yo ya me fui de casa de Concha que así se llamaba la señora a quien yo le cuidaba el niño, pero me fui a cuidar otro niño de la misma edad, en la moraleja también, pero en otro sitio la señora de esa casa también era muy buena persona y su madre que venía a visitarla de vez en cuando también era muy buena persona.

Mi Madre

¡¡Qué gran mujer!! Aunque cuando la tuve no la supe apreciar, creemos que las personas se van a quedar siempre con nosotros y lo damos por hecho, que gran error cometemos con ese pensamiento.

Una mujer que en aquellos tiempos estudio una carrera junto con su hermana pequeña, mi tía Carmiña nunca ejerció, mi madre se caso muy jovencita con un hombre mayor que ella, que era mi padre, mi padre era militar de profesión y mi madre cuando se caso se dedicó a su marido, a sus hijos y a su casa como lo que se hacía en aquellos, ya dije anteriormente que en aquellos tiempos y... Peor todavía en los tiempos de cuando mi madre era joven, no había comodidades, recuerdo a mi madre zurciendo calcetines, planchando esas sabanas grandísimas que había entonces con las planchas que se calentaban en las cocinas de carbón, lavando en unas pilas que ya tenían incorporadas las casas con un tabla de madera restregando la ropa para que quedara limpia, dando con una pala a los colchones de lana, que era lo que había entonces y dándoles vueltas para que quedaran cómodos, haciendo la comida para todos y para cada uno una cosa mi hermano mayor tenía que ser una comida y yo otra, mi hermano pequeño como era muy pequeño había que hacerle otra, y otra para mis padres y el segundo de mis hermanos, la recuerdo hirviendo leche, pues antes no existía la leche como hoy, tampoco las cocretas se compraban precocinadas, se freía el tomate y las masas de croquetas y empanadillas, también se hacían en casa el café se molía en un molinillo manual, y las cosas se machacaban en un mortero de cobre... La casa era grandísima había que limpiarla como es lógico, a veces me pregunto también como podría con todo...

Casi nunca tenía tiempo de salir, mi tía Conchita hermana de mi madre y también casada con un militar venia de vez en cuando a salir con mi madre y dar una vuelta, a tomar un café en una cafetería o terraza, también los domingos mi madre hacia chocolate con bollos para la merienda, el chocolate había que rallarlo y después cocerlo con leche a fuego muy lento para que no se pegara, así era la vida por entonces, pero cuando somos jóvenes no vemos todo eso y no sabemos agradecerlo porque aparte de todo el trabajo que mi madre tenía, además tenía tiempo para por las noches contarnos cuentos antes de dormir.

Mi madre también quedo viuda joven y con nosotros aún muy pequeños, tuvo que hacer frente a muchas dificultades pero como todas las mujeres de la familia era una mujer fuerte y con coraje.

Cuando falleció mí hermano, mi madre fue a vivir al País Vasco donde mi segundo hermano vivía desde hacía años, acordamos se llevara a mi hijo pequeño con ellos para que no se sintiera tan sola ya que mi hermano trabajaba y así se hizo, ellos venían a vernos en vacaciones y en Navidades y otras veces iba yo, pues mi hijo estudiaba allí, así pasaron 5 años, hasta que un día la vida se volvía a ensayar con toda la familia, mi madre quería venirse ya para Madrid otra vez, sería cuando mi hijo tuviera las vacaciones, así que vinieron un día de abril para hablar de ello a todo esto mi hija la mayor Juana María estaba embarazada de su novio un chico alemán de padres españoles, no tardó mucho en irse a vivir con él en un piso que de momento compraron los padres de él, y ellos después lo pagaron poco a poco así que yo iba a ser abuela con 38 años y mi madre bisabuela con 77 pues el nacimiento de mi nieta era en agosto y así fue, nació el 2 de agosto mi primera nieta llamada Sheila.

Estando en casa de mi hermano el mayor mí madre, cuñada y yo la dijimos ¡Yaya... (De esta forma se llamaba a las abuelas por aquel entonces)...que ya vas a ser bisabuela! No sé porque el corazón me dio un vuelco como el día en que me iba a casar, al día siguiente mi madre mi hermano y mi hijo salían de viaje, de regreso al País Vasco, mi madre y mi hijo volverían ya en verano a Madrid, quedaba para llegar a su destino media hora aproximadamente, cuando un trágico accidente acabo con la vida de mi madre, con mi hijo y mi hermano en el hospital, mi hijo estaba demasiado grave, tuvimos que viajar a Vitoria que es donde estaban ingresados, cogimos un avión hasta allí, (Victoria) mi hermano pequeño Peter y mi sobrina María José (hija de mi hermano mayor fallecido) fueron los que se hicieron cargo de todos los gastos del avión y las coronas para mi madre, de organizar todo.

Gracias de todo corazón hermanito porque sin ti no hubiéramos podido hacer nada, también vino con nosotros mi cuñada, la mujer de mi hermano Peter una gran y buena mujer que nos quiso mucho a todos y que nos fue arrebatada también muy joven por un cáncer, dejando a sus hijas muy jovencitas solo puedo decir que fue un ejemplo a seguir, pues supo mantener a toda la familia unida con tanto amor como rebosaba, ese fue otro golpe de la vida ¿Vendría alguno más? Si... Años más tarde vendría otro duro golpe.

Hablando con los médicos de donde estaba ingresado mi hijo y mi hermano me descorazonaron, porque no se sabía las secuelas cerebrales que le podían quedar por el accidente, aparte de que mi hijo estaba hecho un mostro con tanta escayola y vendaje, aparte de lo hinchado que estaba solo tenía nueve años, mi hermano tenía las costillas y los ojos afectados, pero estaba menos grave al día siguiente fuimos al hospital donde estaba mi madre cuando la vimos estaba igual que siempre solo tenía un golpe en el entrecejo, mi madre falleció un 8 de abril, el día 10 viajamos en avión todos, y todos fuimos al entierro de mi madre, mi madre era trasladada por carretera en el coche fúnebre y nosotros ya estábamos esperándola en el cementerio.

Ese día 10 de abril que estábamos enterrando a mi madre yo cumplía años, a veces la vida es irónica después del entierro volvimos a viajar para Vitoria donde todavía estaba mi hijo y mi hermano, al día siguiente mi hermano, mi cuñada y mi sobrina volvieron a Madrid, yo me quede hasta que se pusieron un poco mejor mi hijo y hermano para poderlos trasladar a Madrid, quiero decir que mi hijo está perfectamente no le quedo nada de aquel accidente e igual que mi hermano que se recuperó bien, a los pocos días volvimos a Madrid en una ambulancia, mi hermano mayor al llegar a Madrid quedo en casa de mí otro hermano Peter, y mi hijo vino conmigo a casa, para repartirnos un poco, pues todavía estaban convalecientes y necesitaban cuidados, gracias también a mi cuñada Mary Carmiña que se quedó con mis hijos para que yo pudiera moverme libremente y sin preocupaciones, a pesar de todo su dolor ella perdió por partida doble, puesto que mi madre era su tía y su suegra hoy quiero decir GRACIAS MAMA.

El negocio

Cuando falleció mi madre el seguro nos dio un dinero que repartimos entre los cuatro hermanos, yo en esos momentos me encontraba sin trabajo y decide coger un negocio, puse una cafetería churrería pero me equivoque, como yo tenía que hacer la masa de los churros y atender a los clientes al mismo tiempo lo que se hacía imposible, enfrente de la casa de mi hija la mayor vivía un matrimonio que eran amigos de mi hija y de mí yerno, entonces él estaba sin trabajo y decidimos que viniera a la cafetería a trabajar, error grandísimo el que cometí porque al final yo no sé dónde iba el dinero, yo le decía que, que pasaba y él decía que había comprado cervezas, pollos, etc., que yo no sé para qué compro tantos pollos si allí no había comidas, el caso es que la cafetería estaba llena pero poco a poco se iba quedando vacía la cafetería y la caja, culpa mía por confiar en la gente.

Ahora he espabilado algo, pero todavía sigo siendo muy crédula, el caso que había mucha gente, que venía para arriba y para abajo, finalmente cuando la cafetería se fue abajo estaba más sola que la una como se suele decir, solamente mis hijos los más pequeños quedaron conmigo, termine que no podía ni pagar la casa menos mal que me tenían que devolver la fianza que yo había dado pero eso tenía que pasar un mes para poder recuperarla así que me encontré en la calle sin casa y sin dinero y con cuatro hijos pequeños ¿Qué hacer? Pues lo que hice fue llevar a mis hijas pequeñas con su padre y a mis dos hijos con el suyo, a mí me recogió mi hija la mayor durante dos días, a los dos días me dijo que me tenía que ir porque venía su suegra y como el piso lo habían comprado los suegros, aunque ellos mi hija y mi yerno lo estaban pagando pues a lo mejor no la gustaba que yo estuviera allí así que me encontré en la calle, él padre de mis hijas pequeñas tenia coche entonces yo dormía ahí por las noches y por el día estaba paseando me iba a duchar a los baños públicos, el padre de mis hijas me traía algo para comer pero la devolución de la fianza se alargó un poco más, así que fui a ver a mis hijos a casa de su padre pero no me esperaba que me pasaran más cosas todavía su padre los hecho de casa por no hacerlos unos huevos fritos ellos eran menores de edad el mayor solo tenía 16 años, yo no sabía que hacer no sabían dónde estaban ni adonde podían haber ido, me fui a comisaria y allí me dijeron que habían recurrido a ellos para que les ayudaran la policía me mando a la comunidad de Madrid y allí me fui, estaba desesperada, en la comunidad de Madrid me dijeron que si sabían dónde estaban los habían llevado a la Ciudad de los Muchachos un internado que estaba en Paracuellos y allí me fui efectivamente allí estaban los dos yo hable con la dirección pero no me los dieron, primero tenía que tener una casa y un trabajo el padre de mis hijas hablo con una tía mía que tenía tres pisos y no sabía nada y ella me recogió, con el dinero que me dio yo pude encontrar un trabajo y coger una casa así que me fui otra vez al internado donde estaban mis hijos eso si, yo los pude visitar todos los fines de semana, el caso es que yo fui otra vez hablar con el personal del internado demostrando con papeles que todo era verdad pero no me los podía llevar a casa hasta que no terminaran el año escolar, allí eran solo unos meses pero a mí se me hizo eterno.

Cuando se terminó el año el escolar me dieron a mis hijos que tranquilidad cuanto he llorado en mi vida, tanto que ahora pase lo que pase no puedo llorar, se me puede saltar una lagrima pero llorar no puedo, yo seguí con mi trabajo y con mi casa, mis hijas pequeñas también volvieron conmigo por fin estaba tranquila, ahora mis hijos ya son todos mayores y a pesar que ellos también lo pasaron mal son todos unos buenos chicos y chicas, yo seguía en mi trabajo, en ese trabajo estuve siete años, el jefe era como un padre para mi ahí tenía yo un compañero que no teníamos nada entre nosotros pero parece ser que todas las noches soñaba conmigo y debía de hacerlo en alto porque su mujer vino hablar conmigo, yo la dije la verdad, que entre nosotros no había nada de nada solo compañerismo pero parece ser que no se lo debió creer mucho.

Porque por esas fechas mi hijo el mayor estaba en la mili y juraba bandera otro dilema, cuando yo salía de trabajar ya no había autobuses y si lo cogía por la mañana no llegaba a tiempo pues mi hijo estaba en Cáceres, este compañero que se llamaba Emilio se ofreció a llevarme en su coche para que yo pudiera estar en la jura de bandera había que salir a las cinco de la mañana y su mujer vino con nosotros a mí no me importo ya he dicho que lo único que había era compañerismo, gracias a él pude ver jurar bandera a mi hijo y estar con él y luego nos vinimos los dos a Madrid pues él ya se quedaba en Campamento, donde estaban antes los cuarteles, la jura de Bandera de mi otro hijo también fue en Cáceres pero ahí me llevo mi yerno y mi hija puesto que por ese tiempo mi hijo pequeño se fue a vivir con ellos, mi hijo estaba con volver al País Vasco con mi hermano o quedarse en Madrid y al final decidió quedarse en Madrid en casa de mi hija.

Con el tiempo yo cambie de trabajo y de casa, un buen trabajo, también me puse a estudiar diseño de modas durante dos años pero lo tuve que dejar porque salía muy caro y no podía pagar mis estudios, los colegios los libros, la casa la comida era imposible, mis hijas iban a un colegio de monjas porque como eran pequeñas, allí me las tenían recogidas hasta que yo iba a buscarlas, mi cuñada Merce la mujer de mi hermano Peter me compraban los uniformes de las niñas de hecho mi cuñada Merce era la madrina de unas de mis hijas, Clara Isabel así se llama la tercera de mis hijas, y Ana, la más pequeña, también se las llevaban de vacaciones con ellos, la verdad que me ayudaron muchísimo en mis dificultades y siempre estuvieron a mi lado, también les compraron el traje de la comunión para las dos, pues mis hijas pequeñas hicieron la comunión juntas al igual que se bautizaron también juntas pues se llevan muy poca diferencia de edad.

Mi trabajo estaba bien, mi jefe ya dije que era como un padre para mí siempre se portó muy bien conmigo y estuve con él hasta que vendió la cafetería donde yo estaba, pues él tenía 4 cafeterías y ya se estaba haciendo mayor y no podía con todo, a mi llevo a otra de sus cafeterías pero con el personal que había allí era imposible estar y me fui.

No tenía derecho a paro pero la suerte que tuve es que no me hizo falta, nada pues antes de irme ya tenía otro trabajo, así mientras tanto mis hijos iban creciendo me pasaba la vida corriendo, en el barrio me llamaban la correcaminos y la super abuela, trabajaba, iba al colegio a recoger a las niñas estaba, pendiente de donde estaban los más mayores, de la casa etc.

Esa era mi vida, a veces me acostaba tardísimo y me levantaba muy pronto por entonces yo no tenía lavadora aunque ya existían, tenía que lavar la ropa a mano, era mucho trabajo la verdad pero a todo se acostumbra una, ahora la verdad si me dijeran que tengo que hacer todo lo que hice no podría, hoy doy gracias que tengo una serie de comodidades que me hacen más fácil la vida.

Doy gracias por ello porque también recuerdo cuando lavaba las gasas de mis hijos, cuando eran pequeños pues no existían los pañales y tampoco en casa de mi marido había ninguna comodidad, además en verano todavía... pero en invierno que por entonces eran unos inviernos muy crudos con escarchas y helada se quedaba la ropa tiesa y llena de hielo, ahora los inviernos son más suaves, los veranos también eran muy calurosos aunque el Sol calentaba no quemaba como pasa ahora, el clima ahora todo cambio mucho, supongo que será por el cambio climático.

Honore

Conocí a Honore trabajando en la Moraleja cuando cuidaba al niño de una señora que se llamaba Asunción, pues ya dije que me cambie de casa, Honore trabajaba en la embajada de su país como diplomático y la residencia del embajador estaba un poco más arriba de donde yo trabajaba entonces, nos conocimos poco a poco Honore cuando yo le conocí él tenía 22 años y yo tenía 33, empezamos a salir poco a poco al principio todo iba bien pero tengo que reconocer que eran culturas diferentes y es difícil que funcione, ellos tienen otras ideas y otras formas de pensar muy diferentes mis dos hijas pequeñas son de él, recuerdo que había nacido mi primera hija que tuve con él y la niña tendría unos tres meses cuando iba por la calle con ella, cuando una mujer me coge del brazo y me pregunta si es la hija de Honore la dije que si y me contesto, que ella también tuvo un hijo de Honore, el niño por entonces de esa mujer era dos meses mayor que mi hija, nunca reconoció a ese niño y tampoco iba a verle, ese niño tiene ahora 29 años y mis hijas y el hicieron por conocerse aunque la relación entre ellos es muy distante pues nunca se vieron hasta hace un poco que mis hijas empezaron a buscarle él, vive con su madre y con el marido de su madre y sus hermanas por parte de madre y está muy feliz, se dedica al deporte, que es lo que le gusta y también entrena a gente, al cabo del tiempo estando yo embarazada de mi segunda hija yo notaba que no venía Honore tan a menudo a vernos a mí y a su hija, por entonces ni vivíamos juntos, él vivía en la embajada y yo en mi casa.

Mi hija la mayor un día le vio con una mujer comiendo una hamburguesa y me lo dijo cuándo el vino, yo le pregunte por el acontecimiento y no sé qué me dijo, yo le creí pero... Cuanta razón tenía mi hija, cuando yo di a luz solo vino a verme una vez al hospital, me dijo que mucho trabajo con el embajador, todo mentira la otra mujer también estaba embarazada y tuvo un niño de él, me entere por mis hijas que siendo muy pequeñitas me dijeron que tenían un hermanito pequeño, cuando vino Honore yo le pregunte y el solo me daba evasivas hasta que tanto le presione que me dijo la verdad, a mí se me cayó el mundo a los pies, me quede tan fría como un trozo de hielo.

Esta chica conocía a las niñas pues él las había llevado a casa de ella cuando yo tuve el problema de que me quede en la calle, ella es una buena mujer, que fue engañada al igual que yo, aunque ellos al final se casaron pero luego al cabo del tiempo ella fue Andalucía a trabajar y Honore se quedó aquí, con esto no quiero decir que sea mala persona, simplemente es la cultura que tienen ellos en su país, nunca hizo ninguna diferencia entre sus hijos y mis hijos siempre los aconsejo y los trato como suyos, también tengo que decir que cuando yo perdí el bar fue el que estuvo conmigo, yo conocí a la madre de su hijo por casualidad, Honore había llevado a las niñas a su casa para estar con su hermano y yo salí a pasear, ella vivía cerca de donde yo vivía, vi que ella quedo un poco cortada por lo que yo pudiera decir pero yo soy incapaz de guardar rencor a nadie, no puedo, es mi manera de ser, así que la salude la dije que estaba mirando a ver dónde tomaba un café y fuimos las dos con los niños a tomar café y estuvimos hablando las dos de ahí nos vimos varias veces.

Quiero decir, que a pesar de todo eso Honore es muy buena persona y para cuidar de los niños la verdad no hay nadie mejor que él, en estos momentos él se encarga de sus nietos mientras sus hijas trabajan y tengo que decir que tiene una paciencia infinita para ellos, los niños a pesar de que tienen su padre le llaman papa al abuelo, yo en ese sentido le admiro porque yo no valgo para hacer todo lo que él hace.

Honore y yo tenemos una gran amistad aunque cuando nos vemos y eso es todos los días por los nietos puesto que yo vivo con mis hijas, siempre tiene que haber alguna discusión entre él y yo pues la verdad es muy tozudo, yo sé que él tiene un punto de vista de las cosas diferente a como yo las veo, pero yo soy muy perfeccionista, un defecto grande que tengo, que tenía que quitármelo un poco aunque también tenía que quitarse un poco las costumbres de su país pues ya hace 32 años que está en España, pero bueno también hay que valorar las cosas buenas que tiene con el tiempo me he dado cuenta que tiene bastantes aunque también hay en muchas cosas en que es muy inútil y lo quiere saber todo y al final no sabe nada, Honore tiene muy buena relación con sus hijos menos con el mayor que sigue sin verlo y ahora aunque quisiera es a su hijo mayor ya no le interesa saber de él, yo cuando su hijo era pequeño siempre insistí en que fuera haberlo pero él decía que hasta que no tuviera dinero que no iba, una mentalidad absurda, ustedes se preguntaran porque no tenía dinero porque al mes de conocerme a mí no sé porque la embajada dejo de pagar a sus empleados según él, así que hasta la fecha sigue esperando que llegue el dinero de su país a la embajada para poder cobrar, pero para él ningún trabajo esta a su altura, ya que él siempre estuvo al lado de un embajador esa es otra cosa por la cual yo siempre he discutido con él, hasta que ya pase totalmente y seguí con mi vida sin pensar si cobraba o no cobraba, al fin y al cabo yo seguía trabajando y a trancas y barrancas podía hacer frente a los gastos que tenia de colegios, libros y demás gastos, esa fue otra etapa de mi vida en la cual también pase muchas dificultades.

Recuerdo que por entonces yo trabajaba donde este jefe que yo digo que fue un padre para mí, ahí tenia buenos compañeros menos uno, no es que fuera malo pero era muy preponte, él sabia mi situación y siempre me estaba diciendo que si se había comprado un tal y un cual, esta cosa, la otra y que le había costado tanto, restregándome que yo eso no lo podía comprar, que si él comía entrecots y yo no podía comerlos y así se pasaba todos los días, los demás eran todos muy majos tenía un compañero que le llamábamos Sr Hernández y era de un pueblo de Ávila, muy buena persona igual que el encargado José que también era de un pueblecito de Ávila y al igual que el padre de mi hija la mayor también era de Ávila, parece que me perseguían los abulenses porque después conocí a otro jefe que también era de Ávila y del mismo pueblo que el Sr Hernández, ahora en la actualidad no me persiguen los abulenses, ahora me persigue la gente rara aunque también hubo algún que otro rarito pero ahora es una plaga, aunque el primero de gente rara que conocí fue un periodista, estuve saliendo un poco con el cuándo venía a Madrid pues él era de fuera pero muy egocéntrico, también solo veía lo suyo.

Recuerdo cuando mi tercera nieta Sofía, casi recién nacida se puso muy malita él había venido a Madrid para verme y yo fui avisarle de que no podía quedarme con él por lo que había pasado a mi nieta y él no quería entender nada, solo que él había venido a Madrid a verme y que ahora yo no quería quedarme con él, le dije lo sentía mucho pero que antes era mi nieta que él y que me iba, él me dijo que bien que si quería saber algo de él que yo ya sabía dónde encontrarle, jamás le volví a llamar ni a saber de él.

Mi nieta estuvo en cuidados intensivos nadie pensaba que se fuera a excepto yo que dije que la niña iba a vivir aun contra todo pronóstico y así fue yo creía y tenía fe yo soy una persona de mucha fe, y si puedo decir que la fe mueve montañas, los hermanos de la iglesia donde yo pertenezco también estuvieron orando durante toda la enfermedad de mi nieta, hoy tiene once años y es toda una señorita ya, mi hija la mayor también la paso que a los pocos días de nacer se me puso muy mala y la tuve que ingresar también estuvo un mes en cuidados inten-sivos, yo a mi hija solo la podía ver entre cristales, a mi nieta no se podía pasar, y yo me sentaba a su lado y la hablaba aunque ella estaba en coma yo la decía que tenía que vivir, que tenía que ponerse buena, así yo le hablaba todos los días y el milagro ocurrió, cuando después del ingreso yo fui a ver a mi hija la habían rapado toda la cabeza y tenía el suero puesto en la cabeza, todas las tardes íbamos mi madre y yo a verla hasta que la dieron el alta hoy en día tiene 46 años y es madre de dos hijas, mis dos nietas mayores Sheila y Andrea .

Teo

Teo una bellísima persona cuanto me ayudo en los momentos que le necesite, le conocí cuando entre a trabajar en su empresa, él y su hermano tenían un restaurante ellos lo trabajaban, Teo su hermano y la mujer de su hermano y después entre a trabajar yo,

Teo era un hombre soltero que vivía con su padre en su casa propia, Teo era unos 3 años mayor, un día me invito a tomar algo, allí se cerraba los fines de semana, yo acepte y desde ese día estuvimos juntos hasta que el cayó enfermo, él era también de Ávila de un pueblecito llamado Serranillos, de donde era también el señor Hernández, él me llevaba a su pueblo de vez en cuando a comer cochinillo que la verdad lo hacían muy bueno, allí él y todos sus hermanos en un edificio tenían cada uno su casa, también fuimos a Barcelona, fuimos al pueblo de mi padre, también íbamos con su familia a casa de ellos y a merendar alguna tarde que otra al igual que íbamos Aranda del Duero a ver a su otra hermana pues ella vive allí, la verdad lo pasábamos muy bien, siempre estaba pendiente de que comiera, de que quería, de que me gustaba, íbamos también a ver a sus amigos pero poco a poco yo notaba que Teo se estaba poniendo como un niño pequeño, me decía pero esta calle cual es, se perdía con el coche y no sabía dónde estaba, pero yo pensé que lo hacía para llamar la atención pero no era así, estaba equivocada, su cuñada me llamo para ver si yo había notado algo raro en Teo y le conté lo que pasaba así que le ingresaron en la clínica López Ibor, allí fui a verle estuvo unos días y después le metieron en una residencia, yo iba a verle todas las semanas, estaba con él y paseábamos por los jardines de la residencia en verano y en invierno paseábamos por los pasillos de dentro de la residencia, me iba cuando ya le dejaba en el comedor porque ya iban a cenar.

Teo estuvo dos años, después por problemas de mi trabajo yo estuve como un mes sin poder ir a verle, cuando fui Teo no estaba en la residencia, ya así que llame a su cuñada para ver donde estaba y estaba en su casa que le estaba cuidando una señora que es enfermera, quiero decir que el padre de Teo cuando sucedió todo esto ya había fallecido pues cuando yo conocí a Teo al poco tiempo de que tuvieran que llevar a su padre a una residencia, porque se cayó y ya no podía andar bien y no había quien le cuidara, yo iba todos los domingos con Teo a ver a su padre hasta que falleció, a todo esto to fui a ver a Teo a su casa en cuanto me entere, me dio mucho dolor porque casi no me reconocía, ya decía que le sonaba mi cara pero que no se acordaba de quien era, después esta señora tiene casa en Talavera y se lo lleva con ella al igual que las Navidades pues la familia de Teo poco van a verle según me cuenta esta señora, al principio cuando le llamaba hablaba conmigo por teléfono ahora ya no puede, la última vez que estuve hablando con esta señora ya está muy mal ya no anda, va en silla de ruedas y hay que cambiarle como a un niño pequeño los pañales está muy delgadito me dijo también esta señora, aunque yo sé que le cuida muy bien, los hermanos le buscaron un piso en parla y vendieron el que tenían que era donde siempre vivió Teo,

Hace once años que conozco a Teo y me da mucho dolor lo que está pasando con él y también le echo de menos la verdad pues siempre salíamos e íbamos a las terrazas en verano a tomar algo o a comer y en invierno también salíamos aunque lloviera, echo de menos su compañía, no sé cómo terminara todo esto, la señora que lo cuida me dijo que en Septiembre iban a venir a Madrid por cosas de médicos de Teo, a ver si no me pilla trabajando que sea un día que yo descanso para ir verle, no me importa que no me reconozca yo le debo muchísimo a ese hombre, hoy en día Teo tiene sesenta y ocho años, empezó con el Alzhéimer con sesenta y cuatro, era un hombre joven todavía para esa enfermedad, él es diabético y toda su desorientación decía que era por la azúcar, recuerdo que últimamente cuando quedamos él no se acordaba donde habíamos quedado, cada uno en un sitio esperando, él no tenía teléfono móvil porque no le guastaba, entonces no le podía llamar para saber dónde estaba hasta que el no llegase a su casa y yo pudiera llamarle al teléfono fijo de casa y así empezó toda su enfermedad, pero yo no podía ni imaginarme eso, yo siempre pensaba que era que no escuchaba bien las cosas y que no se enteraba de donde habíamos quedado, tanto regañarle y lo que pasaba que se estaba poniendo ya enfermo, ojala ocurriera un milagro y de la noche a la mañana hubiera un medicamento que curara esa enfermedad por él y por todas las personas que hoy sufren de Alzheimer.

Frederick

Yo conocí a Frederick por mi hermano Santi, el que vive en el País Vasco, Frederick conecto con mi hermano y mi hermano le puso en contacto conmigo puesto que Frederick era francés y creo que ya dije en la primera parte de mi libro que desde muy niña yo amo a Francia y a los franceses, así empezó esta historia que duro dos años y dos meses y fue el que me inspiro para escribir libros, según él era de Paris y trabaja de autónomo en su propia empresa pues era ingeniero, su padre estaba en África porque allí tenía una empresa de cacao, estuvimos hablando por WhatsApp, iba todo bien, a veces estábamos hablando hasta las dos de la madrugada y más y yo al día siguiente tenía que ir a trabajar, él me mandaba fotos, todo muy guapo y yo le mandaba mías, según él era viudo, su mujer y su única hija habían fallecido en un accidente de trafico al igual que su madre un año después también falleció de un accidente de tráfico, él es más joven que yo, pasaba el tiempo y decía que se había enamorado, me llamaba por teléfono y nos escribíamos siempre... menos en las horas en que yo estaba trabajando, decía que iba a venir a verme un día.

Llevábamos ya unos meses hablando y buen día me dijo que su padre que estaba en África se había puesto muy enfermo y le habían avisado, que tenía que ir según Frederick tampoco tenía hermanos y la única familia era su padre porque el padre tenía un hermano pero no se hablaba con él, no le quedo mas remedio que partir y se marcho África para ver a su padre según él su empresa la cerro mientras estuviera fuera, en la empresa la tenía en Nancy una ciudad francesa, me dijo que iba a estar un día sin conectarse conmigo por el vuelo que suponía muchas horas, pero que en cuanto llegase a su destino África se pondría en contacto conmigo para que siguiéramos hablando, de en vez en cuando también hablaba con mi hermano el que reside en el País Vasco, aunque muy poco.

Al día siguiente se comunicó conmigo le pregunte qué tal se encontraba su padre, a lo que respondió que estaba muy mal, que los médicos le habían dicho que tenían que operarle del corazón porque si no se podía morir, a partir de ahí fue una serie de calamidades, al poco tiempo me dijo que le habían robado, que le habían dado una paliza y que le habían quitado su documentación, las tarjetas, yo le dije que fuera a la Embajada de Francia para exponer su caso puesto que él era francés, no sé qué rollo me conto de que no podía, después de normalizarse la cosa y saliera del hospital a causa de la paliza de los atracadores ya por fin operaron a su padre, que ya estaba mejor de hecho lo enviaron a su casa, una casa que tienen ellos en África.

Parece que todo iba normalizándose cuando me dijo que estaba muy malo que tenía mucha fiebre, que el médico le estaba dando medicamentos porque había cogido la malaria, la verdad ya no sabía con tantas enfermedades... el chico era bastante gafe, así que yo estaba harta de tantas enfermedades y le dije que esto se terminaba porque ya no aguantaba más, y le hice saber que creía que él no iba a venir nunca porque siempre pasaba algo que se lo iba a impedir.

Así que esa historia se terminaba, había pasado un año con la tontería de las enfermedades de su padre y de él que me dijo que no que estaba muy enamorado de mí, que no quería perderme, yo le dije que bien pero que yo no quería saber más, él estuvo dos días sin conectarse y cuando se conectó le dije que quería, entonces me respondió que era el padre de Frederick... el padre era el que estaba hablando conmigo, pues su hijo estaba muy grave, yo le pregunte que le había pasado a su hijo y me dijo que había intentado suicidarse porque yo le había dicho que no quería saber nada de él y que su hijo estaba muy enamorado de mí, por eso lo había hecho, el supuesto padre me dijo de todo, hasta me dijo que yo era un veneno, el supuesto padre se conectaba conmigo de vez en cuando para darme noticias de la evolución de su hijo, al final de todo esto Frederick se puso bien y seguimos hablando.

Había hecho ya 2 años y seguía sin venir a verme como me dijo que haría, aunque me decía que si agosto que si mayo, el caso es que nunca vino, siempre me juraba por la tumba de su madre que todo lo que decía era verdad, bien... pues la verdad se descubrió un día por casualidad, mi hija la pequeña puso la televisión y estaban dando una telenovela, mi hija miro por casualidad y vio a Frederick, era el protagonista, que trabajaba en la telenovela, pero el nombre no era el de Frederick, sino el del actor venezolano, todas las fotos que me estaba mandando no eran de él sino de ese actor, las fotos del que decía que era su padre tampoco era su padre, eran un señor que efectivamente habían operado, pero un señor de Canadá y que no tenían que ver nada con Frederick, yo se lo dije, se lo hice saber y con toda su cara dura me dice que era el, el de las fotos, le dije que si él era actor, y me contesto que no, entonces le dije que él no podía ser, ya que las fotos correspondían a un actor, le pedí que me dijera la verdad, quería saberla, tenía derecho a saber porque me estaba engañando y durante tanto tiempo, contesto que le perdonara, que me iba a decir toda la verdad y me conto una historia para no dormir, de que si sus padres habían muerto de que si le había adoptado un mujer que era amiga de su padre, y me manda otras fotos, me dijo que ese era él.

Aquí no acabo la cosa, como yo estaba mosqueada investigue la fotos, esta vez eran de un actor colombiano, increíble le volví a decir porque volvía a mandar fotos de actores, que quería saber quién era el en realidad, le dije que me hiciera una video llamada para ver quién era realmente y me la hizo y vi a un hombre negro, le dije que yo no

43

quería hablar con él, sino con Frederick, él me dijo que era Frederick, que no era francés sino que era africano, cuando colgué el teléfono borre y desconecte todo lo que tenía que ver con el pero me equivocaba porque él me llamo por teléfono hacia unos días atrás, antes desconectarme, para contarme más mentiras para decirme que él era francés, que un africano le robo el teléfono y se hizo pasar por él, yo le dije que no quería saber nada más, pero el todavía, muy presuntuoso me dijo que él seguía enamorado de mí y que sabía que yo seguía enamorada, le dije que no estaba enamorada que yo me enamore del hombre de las fotos que él me mandaba `pero no de él, aquí termino una historia que duro dos años y dos meses y que parece increíble pero es cierta .

La mano de Dios

A lo largo de mi vida como ya habéis podido comprobar me ha pasado de todo, pero a lo largo de mi vida he visto la mano de Dios muchísimas veces, y lo voy a contar porque creo que es justo dedicar un capitulo a Dios que en momentos dificilísimos me puso a las personas correctas en mi camino para que me ayudaran.

Ustedes preguntaran como he visto la mano de Dios y pues yo les voy a decir, yo estaba pidiendo un piso del alquiler para mi hija la pequeña y para mí al mismo tiempo claro, yo iba buscando el apartamento al final lo encontré nos gustó a mí y a mi hija y a mi hablamos con la dueña y yo le di la señal de 100 € para que me reservara el piso, tras tres días tendría que dar 1100€, lo único que tenía eran los 100€ que había dado de señal, no sé por cómo iba a conseguir ese dinero en tres días yo lo único que dije fue; -Señor si yo andaba buscando piso tú has puesto este que nos ha gustado y hemos dado la señal yo sé que tú te encargaras de que yo tenga el dinero-. Y así fue en los tres días yo tenía el dinero para dárselo a la dueña del piso y mi hija y yo empezamos a trasladar nuestras cosas al nuevo apartamento porque en realidad era un apartamento no un piso, otra de las veces se me termino el bono a mí todavía no me tocaba cobrar mi salario en mi trabajo me faltaban unos días, tenía para ir a mi trabajo pero no para volverme a casa, pero la Mano de Dios estaba otra vez ahí, según salía por la puerta de mi trabajo para irme a mi casa no sabía cómo hacerlo, me llamo mi jefe y me dio 100€ por si necesitaba comprar algo, estaba salvada, pude comprar mi bono e irme a casa cómodamente, otra vez la que cogí un piso para mí y mis hijos, entonces todavía eran pequeños porque en el que yo estaba el casero me lo subió y me salía muy caro, en ese piso que cogí di casi todo lo que pedían solo me faltaban

20.000 pesetas de las de entonces, yo se lo pedí a unos tíos míos y me dijeron que llamara al día siguiente y ese mismo día yo ya tenía que dar las 20.000 pesetas para poder entrar así que los llame, me descolgaban el teléfono pero no me contestaron así varias veces yo estaba desesperada no sabía qué hacer, una compañera que trabajaba conmigo gitana me pregunto que me pasaba, le conté y me dijo; -No te preocupes yo te doy las 20.000 pesetas para que tu cojas tu piso-. Y así fue... esa muchacha me dio el dinero y nunca quiso que se lo devolviera, ella al poco tiempo marcho a otro sitio mejor y perdimos el contacto, mis tíos ni llamaron ni me preguntaron nada, de si había cogido el piso o que había pasado, pero Dios me puso a esa chica en el camino para que me ayudara, en ese momento a veces la ayuda viene de quien menos te esperas.

En otra ocasión, uno de mis hijos tuvo un problema y yo necesitaba la ayuda de un abogado no sabía dónde buscarlo, entonces me acorde del Pastor de mi iglesia y le llame para ver si el sabia de un abogado me dijo que sí, que entre los hermanos había un abogado muy bueno, me dio las señas, estaba al lado de mi casa su despacho, recuerdo que entonces fui con la que entonces era mi nuera hablar con él le conté el caso y él me dijo los honorarios eran 3000€, yo acepte, no tenía ni un duro así que menos iba a tener 3000€, mi nuera me dijo que como había hecho eso que de donde iba yo a sacar ese dinero, yo la dije quédate tranquila Dios nos dará el dinero, así fue, el dinero me lo regalo mi amigo Teo del que ya hable y digo me lo regalo, yo no tuve que devolver nada a nadie de todo esto que estoy contando aquí, otro día yo estaba bastante apurada y mi hermano Peter me llamo para decirme que bajara un momento al portal veje y era que me traía 50€, quiero aclarar que mi hermano en esos momentos no sabía si yo estaba apurada o no, dicen que la fe mueve montañas y yo lo he comprobado por mí misma y he comprobado por mis propias experiencias que Dios no nos deja de su mano cuando uno cree, dicen que todo es posible para el que cree y yo puedo decir que es verdad .

Mis momentos

Como todo el mundo creo yo he tenido momentos buenos y malos, a veces siempre nos fijamos más en los momentos dolorosos que en los momentos felices, pero todos tenemos momentos felices en la vida, mis momentos felices era cuando bajaba al parque a jugar con mis amigas y veía a los chicos que me gustaban, ellos bajaban todas las noches también al parque y hablaba con ellos y después comentábamos las amigas que nos habían dicho.

Los domingos cuando quedaba con mi amiga por la mañana y nos íbamos a lo recreativos a poner música de los Beatles y nos lo pasamos divinamente cuando iba con mi hermano Santi a comprar pepinillos a una bodega que había al lado de mi casa o cuando iba a casa de mis tías que vivían todas cerca, cuando mi primo Tuti me daba una vuelta en la moto, eso me encantaba, o cuando iba donde mi padre daba clases de equitación y comíamos en un merendero, o me llevaba a casa de mi tía Encarna o mi tía Julia que eran hermanas de mi padre, a veces jugaba con mis primas que había una que era más o menos de la misma edad, las otras eran un poco más mayores pero también salíamos a los guateques que hacíamos que eran muy bonitos, por entonces bailabas charlabas y lo pasabas bomba, luego y a veces estaba en las nubes cundo un chico te gustaba pero él no te hacia mucho caso y recurrías a las amigas, hasta que al final terminabas dándote cuenta que a ese chico le gustaba otra chica y tú no tenías nada que hacer, pero al poco tiempo ya te gustaba otro y ya habías recuperado la ilusión otra vez.

Cuando somos adolescentes creo que nos pasa más o menos igual que mi amiga Choni que la había dejado el chico con el que salía y estaba toda muy apenada, al día siguiente me dijo que se había ido a poner velas a San Antonio para que el chico volviera con ella y el chico realmente volvió se dan cuenta fue un acto de fe lo que ella tuvo y por eso lo consiguió, lo que no se si ella se casaría o no con ese chico, pues no recuerdo si primero fue ella o yo que nos cambiamos de barrio.

Momentos buenos de la boda de mi hermano el mayor o de cuando iba al pueblo de mi padre y hablaba con los músicos y las amigas que tenía allí el baile que hacían en la plaza por las fiestas, yo me lo pasaba bomba.

El nacimiento de mis hijos y de mis nietos fueron buenos momentos que he pasado, también con compañeros y compañeras de trabajo que eran estupendos, los momentos que he pasado con mi familia cuando era pequeña, recuerdo cuando con 5 años fui a Zamora pues allí vivía un hermano y la hermana pequeña de mi madre, entonces yo fui a casa de mi tío Paquito, ahí tenía yo tres primos mayores que yo y mi prima Puri que así se llama tenía una casa de muñecas preciosas, a mi encantaba, otros días me quedaba en casa de mi tía Carmiña que tenía un piano muy grande, ¡AY! y también tenía tres primos mayores que yo, el piano estaba porque mi prima Mary Carmiña estaba estudiando piano, creo que lo llego a terminar, lo que si termino fue la carrera de medicina y hoy en la actualidad ella es doctora especializada en psiquiatría y no sé porque a mí me gustaba estar en casa de mi tía Carmiña.

Pasados los años mi tío Paquito y mi tía Rosa vinieron a vernos a Madrid con su hijo el pequeño que ya tenía 21 años y le toco hacer el servicio militar aquí, en Madrid, el motivo de la vista era para que se quedara en nuestra casa cuando no tuviera que estar en el cuartel mi primo José que así se llama, aunque familiarmente le llamaban Pepe, teníamos una relación muy especial mientras estuvo en la mili y no venía a casa, el me escribía unas cartas preciosas, mi tía Rosa dijo a mi madre que veía que nosotros dos nos casaríamos pero mi madre dijo que ella no quería pues con un matrimonio de primos hermanos ya había suficiente, (quiero recordar que mi hermano mayor se casó con una prima hermana), el tiempo fue pasando, el servicio militar termino y el volvió a Zamora, pero tiempo volvió porque estaba haciendo unas oposiciones para policía, nuestra relación seguía igual de especial aunque en esta ocasión me dijo que se iba a casar, me pregunto que si iba a ir a su boda, yo le conteste que no, él me dijo que el tiempo que estuvo en Zamora siempre siguió mis pasos y se enteró de lo que había pasado en mi vida, así que llego el día de su boda fue toda la familia menos yo. Después me entere por mi madre que había tenido un hijo... Años más tarde volvió, ya casado tenía a su hijo y venia otro de camino, yo también estaba casada en ese tiempo y tenía mi hija la mayor y al primero de mis hijos, me dijo que no había ido a su boda que me estuvo esperando pero que yo no aparecí, le conteste que ya le había dicho que no iba a ir. El tiempo que estuvo en Madrid nos estuvimos viendo, el compraba unos pañales nuevos que habían salido como si fueran de plástico, que había que ponerlos con una gasa debajo para que el niño no se cociera a veces él era el que lo cambiaba, recuerdo que un día fuimos al cine, también hasta que llegó la hora de su partida mi primo no sé porque siempre decía me tenía miedo, que había algo en mis ojos que no podía mirarme mucho tiempo con rigidez. Llego la hora y nos despedimos y hasta la fecha no he vuelto a saber de él.

Sé que nació su hija y que la puso por nombre Carla, parece ser que la niña nació un poquito mal y mi primo me echó la culpa a mí, eso me dijeron en mi familia no sé porque pensaría eso, jamás haría daño a nadie y menos a una persona a la que quise tanto, y sigo queriendo... no sé, si el destino nos volverá a unir para vernos, pero si así fuera seria unos de los mayores regalos que la vida me podía ofrecer, el tiempo dirá... Recuerdo también cuando mi segundo hermano Santi marcho al seminario, lo que yo lloraba, creo que inunde las vías del tren, por cierto... que trenes más bonitos los de entonces con la máquina que echa humo y con su chacacha, cada vez que mi hermano venia yo estaba contenta, cuando se volvía para el seminario otra vez a inundar las vías del tren, por entonces era muy pequeña, pues mi hermano es 7 años mayor que yo, así que yo tendría entonces unos 8 o 9 años no más, luego me acostumbre a que se iba, pero sabía que volvía de vacaciones y ya los llantos eran menos, hasta que se quedó en nostalgia y ahora no puedo llorar tanto, he llorado tanto en mi vida que ahora no me es imposible llorar, no me puede salir una lagrima pero no más mis lagrimales parece que se hubieran secado.

También recuerdo la boda de mi hermano el pequeño, se casó muy joven, fui su madrina de boda, fue una boda doble pues también el mismo día se casaba un hermano de la novia, no recuerdo muy bien la celebración, a veces tengo muchas lagunas, creo que el subconsciente no me deja recordar cosas quizá porque no son muy agradables, de cuando era pequeña me pasa lo mismo, tengo bastante lagunas entre unos años y otros así que pido perdón por no poder especificar al pie de la letra todo porque tampoco recuerdo el día ni el mes que fue la boda de mi hermano yo creo que si todos contáramos nuestra historia tendríamos muchas cosas buenas y otras no tan buenas que nos han hicieron sufrir, todo el mundo tiene su historia unos les fue más fácil y a otros más difícil, somos humanos, nos equivocamos, unas veces tomamos las decisiones correctas y otras no, pero a base de tropiezos vamos mejorando y haciendo las cosas de otra manera, aprendemos también a tomar las decisiones correctas, en mi vida yo he cometido muchísimos errores a base de ellos hoy voy tomando mejores decisiones y todo me va mucho mejor, lo que no hay es que rendirse nunca, es cierto que a veces se cae uno, pero hay que levantar la cabeza y decir aquí estoy yo, hoy voy a tomar mejores decisiones para mejorar mi vida yo sé que a veces lo vemos todo tan negro que no vemos la solución pero después de verlo tan negro sale la luz y se ve mejor las soluciones a los problemas, esto lo digo por mi propia experiencia .

El farmacéutico

Vamos con el farmacéutico, otro que tal baila porque la gente no es sincera desde el primer momento, ¿Cuesta tanto decir la verdad? Parece ser que sí, el farmacéutico se llama Sergio, la farmacia donde él trabaja está cerca de donde yo vivía antes, así que le conozco desde hace muchos años igual que el a mí, por entonces tenía una amiga que se llamaba Paloma que hablaba mucho con el compañero de Sergio pero Sergio era poco introvertido, a mí me daba igual, ni me iba ni me venía, en esa época tenía mucho trabajo con los niños, los colegios y el trabajar fuera de casa como para preocuparme de nada mas.

El caso es que al cabo de los años me encontré con mi antigua amiga puesto que yo había cambiado de barrio y hablando me pregunto, -¿Sabes quien ha estado enamorado de ti toda su vida y nunca te dijo nada? La conteste con otra pregunta, -¡No! ¿Quién?-. A lo que me contesto que Sergio el de la farmacia, yo como no me acordaba de él la pregunte que de que Sergio de la farmacia me hablaba... Me dijo; - Bueno si no te acuerdas de él, ven que vamos a ir y cuando le veas veras como te acuerdas-. Y acepte -Bueno vamos a verlo a ver si me acuerdo-. Así que me llevo a la farmacia y allí estaba, mi amiga me pregunto... -¿Ahora te acuerdas de él?-. La conteste que sí, había hecho memoria, así que ella le pregunto Sergio que de quien había estado enamorado toda tu vida a lo que Sergio me señalo a mí.

Bueno ahí quedo todo yo por ese tiempo yo vivía bastante lejos, mi amiga también vivía bastante lejos y hemos perdido el contacto un día que necesite una medicina para mi hija y estaba por mi barrio antiguo entre en la farmacia donde trabajaba Sergio, entonces el me pidió mi teléfono y yo se lo di ese mismo día me mandó un mensaje y luego siguieron otros, todos los días cuando yo salía de trabajar todos los días tenía un mensaje.

En Navidades quedamos para vernos, el me hizo un regalo, un frasco de perfume que olía muy bien, después de esto me confeso que tenía una relación con una chica desde hacía 7 meses, caray porque si tiene una relación de 7 meses no me lo dice antes o simplemente que no me hubiera dicho nada, pero en fin... Quedamos como buenos amigos y alguna vez quedábamos para tomar café, al cabo del tiempo me confeso que le gustaban también los hombres y que se sentía más a gusto con los hombres que con las mujeres, bueno, eso es cosa suya y es su vida a mí no me afecta en nada, en tal caso la afectaría a la mujer que todavía sigue con él y vive con él, claro que su mujer tampoco sabe nada, pero pienso que las gente tanto hombres como mujeres tienen que ser sinceros desde el primer momento, si las cosas interesan se aceptan y si no interesan cada uno por su lado, eso no le ha quitado mi amistad, alguna vez le veo cuando voy a mi trabajo porque yo volví a mi antiguo barrio ya hace bastantes años, en algún mensaje que otro me entero de cómo esta o cosas así, yo le cogí mucho cariño la verdad, pero cuando vi las mentiras me fui enfriando aunque él siempre me decía que me quería mucho, pero yo no lo veía.

Creo que la gente en realidad no sabe lo que la palabra amor significa realmente, la gente la dice como papagayos que te aman, te quieren, pero no saben lo grande y hermosa que es esa palabra en realidad, el amor lo da todo y lo entrega todo sin reservas, sin mentiras, sin engaños, es una entrega mutua de las personas, el amor no pide, no engaña, no miente, el amor solo da, por eso digo que es una palabra muy profunda y algunas personas también la confunden con que amar es poseer a la otra persona, pero eso no es amor, el ama da libertad pensemos bien cuando usamos esa palabra tan hermosa si de verdad sentimos lo que decimos.

Sergio es una buena persona aunque yo le veo un hombre miedoso que se acobarda ante las adversidades y muy inseguro de el mismo, le preocupa mucho lo que diga la gente he sido su amiga y su confidente y creo que todavía lo soy pues cuando me ve me cuenta sus cosas y yo le aconsejo un poco, no le digo lo que tiene que hacer sino simplemente le aconsejo pues como todo el mundo, él tiene sus problemas y sus inquietudes, recuerdo que yo también le contaba mis cosas como cuando tenía algún amorío y le hablaba del monísimo un chico, la verdad muy mono, bastante más joven que yo que era bombero y Sergio se ponía celoso cuando se lo contaba y no sé porque la relación con el monísimo empezó cuando yo fui a ver a Miguel, un excompañero que yo tenía y que había cogido una cafetería la cafetería estaba enfrente de un parque muy grande y yo estaba paseando por el parque un poco antes de entrar a la cafetería de Miguel, un día oí por detrás una voz que me decía; -Que piernas tan bonitas-. Yo no hice caso porque dije vaya con lo tranquila que yo estaba, pero me volvió a decir y entonces me volví para mirar y que monada de chico así que empezamos hablar, nos dimos el teléfono nos escribíamos, nos veíamos de vez en cuando, la relación con el monísimo termino por el supuesto.

Le dije al tiempo que había conocido a un chico más acorde con mi edad, refiriendo a Frederick, el me contesto que si nos podíamos seguir viendo o mandando mensajes, yo le dije que no, él me deseo mucha suerte, aún tengo su teléfono y WhatsApp, pero no he vuelto a llamarle ni a mandarle ningún mensaje, soy una persona que puedo salir con muchos hombres pero si estoy saliendo con una persona no estoy con otra, entonces como yo empecé a tener una relación con el supuesto Frederick (que hasta la fecha no sé quién es todavía) termine con el monísimo, de vez en cuando me acuerdo de él era un chico muy dulce, cariñoso y bueno.

Miguel también estaba enamorado de mi desde que entre a trabajar con él, era casado y tenía dos hijos, uno de sus hijos nació estando trabajando con él, a mí me dijo que estaba enamorado de mí. Un amigo que yo tengo que trabajaba en una cafetería de al lado fue el que me dijo que Miguel estaba enamorado de mí, pero Miguel ya había cogido la cafetería, sé que una compañera nuestra estaba enamorada de él y yo la decía a Nico que él está casado a lo que ella respondía -Si pero yo sé que su matrimonio no va bien-. Un día ella le invito a café y él no acudió.

La mí la verdad Miguel no me gustaba cuando él me confeso que estaba enamorado de mí, le dije que él tenía su mujer y sus hijos, me dijo que estaba en trámites de separación y era verdad cuando le volví a ver él ya se había separado, él quería hacer su vida conmigo pero yo le dije que no que yo solo lo veía como un buen amigo y yo no me veía conviviendo con nadie, le dije que Nico si estaba enamorada de él y que porque no la llamaba y a lo mejor podían formar una bonita pareja, pero él me dijo que no, que Nico no le gustaba ni estaba enamorado de ella, Miguel dejo la cafetería que tenía y se puso a trabajar en un restaurante es lo último que se, pues aunque tengo su wasap yo no me he vuelto a conectar con él, yo por entonces no tenía wasap y el me llamaba por teléfono, pero llego un día que ya no se lo cogí pues no entraba en razón, yo después cambie de número de teléfono por eso él no me ha podido localizar, yo sí le puedo localizar a él pero el a mí no, yo espero que le vaya todo bien y haya encontrado a la mujer apropiada para rehacer su vida porque se lo merece, es un muchacho que también ha tenido mucho sufrimiento así que le deseo muchísima felicidad a todo esto quiero decir que Miguel también es más joven que yo, un dato curioso cuando eran joven me perseguían los hombres mayores ahora que soy mayor me persiguen los jóvenes y mira que yo les digo -Pero niños que yo soy bastante mayor que vosotros todos-. A lo que ellos responden no les importa y que no debería importarme a mí, Si para ellos no es un problema para mí tampoco.

Guardo muy buenos recuerdos de todos ellos, todos eran buenos chicos y espero lo sigan siendo, también espero que el monísimo haya encontrado el amor de su vida y también sea muy feliz.

Mis recuerdos

Recuerdo cuando era joven la verdad, era un poco tonta me creía que era la reina del mundo que siempre iba a estar igual como si los años no fueran a pasar pero si para los demás, que ingenua yo no quería aprender nada de lo relacionado con la casa ni la cocina, nada de nada, solo mis estudios mis amigos y mi cabeza hueca, mi madre me decía hija -Aprende aunque tú-. Si algún día lo tienes que mandar lo tienes que saber hacer, pensaba que tonterías dice mi madre, tonterías ninguna lo que yo he podido llorar hasta aprender lo que hoy se y gracias que di con bellísimas personas.

Recuerdo ya fallecida mi madre, buscaba trabajo, pero... ¿Que sabía hacer? De secretaria no podía, no sabía informática, en una cafetería ya por mi edad para estar cara al público lo tenía difícil pues pedían hasta 30 años y yo ya tenía cerca de los 40, no sabía hacer nada, así que donde me presentaba no me cogían, no sabía hacer nada, me pedían el teléfono pero no me llamaban, así que en una de las entrevista que fui yo iba pensando que a ver si por lo menos me cogían para pelar patatas, eso no sería tan difícil, así que el jefe me dijo que le diera mi teléfono y ya explote y le dije que no se lo daba que estaba cansada de dar mi teléfono y nadie me llamaba, a lo que él me dijo que se lo diera que él me prometía que me llamaba para decirme si me cogía o no, a los dos días me llamo para que empezara a trabajar con él, ahí había mucho trabajo, yo empecé en la cocina y no sabía como se ponía una ensalada mixta, me tuvieron que enseñar, cuando el cocinero me decía que friera un huevo yo cogía echaba el huevo a la sartén y salía corriendo luego Juan (que así se llamaba el cocinero) lo contaba como anécdota, poco a poco fui aprendiendo, recuerdo un día, que llevaba bastante tiempo trabajado en ese sitio y me dijo el jefe que si me atrevía hacer dos paellas, yo le dije que no que no sabía muy bien cómo hacerlas, él me dijo que las hiciera a ver cómo me salían, jamás se me olvidara que horror de paellas una con el arroz duro como un cuerno y la otra paella era una sopa lo que ese día yo pude llorar de ver lo mal que había hecho las paellas, el jefe me dijo que no pasaba nada que dejara de llorar que ya aprendería bien y llegaría un día que todo me saldría bien. Ya dije que soy una persona muy perfeccionista y si no me salen las cosas bien me da por llorar porque quiero que todo me salga perfecto, aunque ya dije que ahora no puedo llorar ahora si me sale algo mal me entra angustia y sudores pero a base de lágrimas fui aprendiendo.

En los sitios donde estuve todos los jefes me enseñaron algo y aprendí de todos ellos así que hoy les doy las gracias a todos, hoy en día no tengo ningún miedo a la cocina, tengo seguridad y confianza y donde trabajo actualmente tanto los jefes como los clientes les gusta la comida que hago pero... Cuanto me acorde de las palabras de mi madre en esos tiempos cuantas veces me decía -Hija aprende que no sabes en lo que te puedes ver y si tu no lo tienes que hacer, no sabrás mandarlo-. Siempre me decía eso mi madre, si yo la hubiera hecho caso cuantas lagrimas me habría ahorrado pero como dije uno piensa que uno no va a cambiar y que los años no van a pasar que uno no va a tener problemas, que todo en la vida es fácil, que tus padres nunca van a faltar, que error más grande pensar así, pero eso lo sé ahora recuerdo.

Cuando falto mi madre yo me encontré durante muchos años como un barco a la deriva en todos los sentidos, con los años poco a poco fui cogiendo el timón y el rumbo de las cosas, fui aprendiendo a base de lágrimas y de caer y levantarme una y otra vez, fue una experiencia dura pero al mismo tiempo fue un reto para mí y hoy en día estoy orgullosa de mi misma. Crie a mis hijos con muchas batallas aunque yo trabaja siempre estaba pendiente de ellos y de donde estaban, con quien y como se encontraban, tenía la ventaja de que ellos confiaban en mí y me contaban sus cosas por eso cuando no los veía en casa cuando llegaba de trabajar iba a buscarlos a donde más o menos sabía que estarían para ver lo que hacían, así durante muchos años hasta que crecieron, hoy en día también me cuentan sus cosas y la verdad que estoy orgullosa de mis hijos, hoy en día todos tienen trabajo y son muy trabajadores yo creo que eso lo han heredado de mí, siempre los he apoyado en sus expectativas si he visto que eran buenas y lo sigo haciendo cuando me preguntan que me parece una cosa o que me parece otra, según lo vea les pregunto que si ellos creen que eso va a dar resultado y si me dicen que si, les animo y les digo que adelante, la vida me ha dado mucho sufrimiento pero también muchas alegrías, así que estoy agradecida por lo bueno y por lo malo, lo malo me sirvió para aprender y llegar hasta donde estoy ahora y lo bueno para ser feliz.

Un lugar en el corazón

Todas las persona que conoces ya sean familia o no, tienen un lugar en el corazón de uno, ya estén aquí entre nosotros o no la pérdida de un ser querido duele mucho pero siempre queda en una parte de nuestro corazón, aquí hablo de mi padre que fue la primera persona que se fue y de mi madre mi hermano tíos primos cuñada y de mi sobrino Javier Antonio hijo de mi hermano mayor que falleció al igual que su padre a los 47 años en el mismo mes y el mismo día solo que de diferente año, mi sobrino tenía la misma enfermedad que mi cuñada Merce pero que personas más valientes y con qué entereza afrontaron su enfermedad y también tengo que decir la entereza con que sus familias afrontaron la enfermedad y la perdida todos esos seres queridos, no es fácil nunca se olvidan y siempre están ahí en nuestro corazón, la vida hay que continuarla, antes las familias en general estaban mas unidas.

Hoy con las nuevas tecnologías casi ni se ven, se escribe por wasap y ya aparte de que también se vive más lejos unos de otros, y sinceramente estamos perdiendo el contacto humano, el ver las risas y las expresiones de la cara cuando nos hablan las personas, vayas donde vayas solo ves a las personas mirando el móvil, en el restaurante donde yo trabajo la gente no deja de mirar el móvil ni comiendo ni desayunado, no lo critico, yo también tengo móvil y estado muy pegada a el pero me di cuenta que el móvil se hacía dueño de mí y poco a poco quite algunas aplicaciones que esto también se lo debo al supuesto Frederick, al principio me costó, pero ahora veo que hice una cosa buena, porque cuando me hablan estoy atenta a lo que esa persona me dice y no estoy atenta al móvil, creo que las personas necesitamos unas de otras, necesitamos el contacto humano y eso se está perdiendo poco a poco, creo que a pesar de las dificultades por las que estemos pasando cada uno no hay porque ser grosero con las demás personas, una palabra amable y una sonrisa no cuestan dinero y hacen feliz a la persona que la recibe, y digo esto porque a veces entra uno en un comercio y no le dan ni los buenos días aunque uno de los cajeros te contestan secamente, la verdad creo que a cualquier persona se le quitan las ganas de volver a ese sitio por lo menos a mí, si yo donde me tratan amablemente allí voy aunque me quede lejos de mi casa y tenga que coger el autobús, pero créanme merece la pena porque sale uno con el corazón feliz, igual pasa con los conductores de autobuses hay algunos majísimos pero hay otros que dices que no me toque ese conductor, yo sé que tiene que haber de todo en el mundo pero todos trabajamos por una misma razón para poder vivir lo mejor posible y hacer frente a nuestras facturas ¿Entonces porque no ser más amables unos con otros? Eso no cuesta dinero, hagamos un pequeñito esfuerzo ¿No les parece?

Me estoy acordando ahora del supuesto de Frederick me hizo mucho daño, pero también me trajo cosas buenas como ya he dicho lo del móvil y aparte de eso gracias a él conocí a dos maravillosos amigos, Adriana y Joaquín, ya dije que desde pequeñita Francia está en mi corazón, aprendí francés siendo niña y más tarde me apunte academias pero como no tenía con quien practicarlo perdí muchísimo por no decir casi todo, cuando yo empecé con Frederick creyendo que era francés (en realidad no sé si es francés africano o inglés) el caso es que yo quería hablar con él en francés y escribir en francés para comunicarme y así es que decidí apuntarme a una academia de idiomas, ahí me da clases (pues todavía sigo estudiando francés) mi profesora Adriana, ella es francesa y da clases en su academia, poco a poco nos fuimos haciendo amigas y hasta ahora dura nuestra amistad, al igual que con su novio Joaquín, la verdad dos personas excepcionales, recuerdo cuando Frederick dijo que iba a venir, Adriana me daba clases preparándome como tenía que decir todo mientras ella y yo tomábamos un café para que yo le pudiera guiar por Madrid, pero todo quedó en un sueño y en una gran decepción, pero como ya dije gane dos grandes amigos y eso para mí es lo más importante, así que a pesar de todo le tengo que dar las gracias.

El reencuentro

Como ya dije mi primo José era y es muy especial para mí, siempre lo estuve buscando y pensando en él, pero no podía encontrarlo no había en ningún sitio en que el apareciera pero no sé porque hace un tiempo me vino al pensamiento otro primo que también nació en Zamora, yo no sabía si el tenia contacto con nuestro primo José o no, el caso es que le encontré y di con su dirección, le escribí una carta, en la carta le pedía, que si él sabía algo de nuestro primo José me pusiera en contacto con él, le mande mi número de teléfono por si acaso quería llamarme, paso una semana y no tenía noticias de nadie pero mi sorpresa fue cuando recibí una llamada de mi primo José que me llamaba desde Zamora, nadie puede saber la emoción nos embargó de hablar después de tantísimos años, yo siempre quise a mi primo con todo mi corazón, jamás deje de quererle ni de pensar en él, siempre lleve la foto que él me dio dedicada en el año 1966, esa foto siempre ha venido conmigo a todos los sitios me dijo que tenía tres hijos ya mayores y también tenía tres nietos, la más pequeña tenía un año.

Yo estoy feliz porque lo pude encontrarle, porque pude hablar con él, cierto que ya es mayor y ha cambiado como todos, el paso del tiempo no perdona a nadie por muy guapo o guapa que se haya sido de joven, pero el corazón es donde se guarda todo el cariño que sientes por las personas y donde se guardan todos los recuerdos que son maravillosos y yo siempre guarde esos recuerdos como mi mayor tesoro, ahora siempre espero impacientemente su próxima llamada, también escribí otra carta a mi otro primo dándole las gracias por haberme puesto en contacto con él, ustedes se preguntaran porque esta mujer escribe cartas todavía con los adelantos que hay... Pues sí, porque me parece más elegante y más bonito escribir cartas que no mandar un frio correo electrónico, este es otro de mis sueños que se me ha cumplido, todavía me quedan muchos sueños por cumplir pero sé que se cumplirán cuando llegue el momento.

Los malos entendidos

Mi hija Juana Mari siempre ha tenido malos entendidos conmigo, siempre lo hecho todo mal para ella, es como una especie de rencor, cada cosa que hecho se lo ha tomado a mal y se lo ha tomado como una cosa personal como si todo fuera contra ella, creo que siempre ha pensado que no ha sido querida, que solo he querido a sus hermanos, pero no es así ¿Cómo voy a querer a sus hermanos y a ella no? Eso es impensable pero conmigo ha sido así toda la vida, siempre he sido mala, recuerdo un día que me equivoque al mandar un mensaje al chico con el que estaba empezando como a tontear y en vez de mandárselo a él se lo mande a mi yerno equivocadamente, quiero aclarar que este chico acababa de empezar a salir con otra chica, entonces al momento me llaman por teléfono y en vez de decir mama creo que te has equivocado al mandar el mensaje, me llamo y me dijo; -¿Sabes quién soy yo?-. La conteste que no porque no tenía ni idea de que era mi hija lo primero que pensé es que era la chica con la que había empezado a salir este chico, de todas las formas en el mensaje no puse nada malo era un mensaje correcto, bueno pues ella se lo tomo a mal y dejo de hablarme durante bastante tiempo, yo se lo comenté a mi hermano y mi cuñada que entonces vivía todavía, y aunque hablaron con ella no había manera, ella terca como una mula que yo sabía que era ella y que la había dicho que no la conocía, en fin yo no sé el tiempo que paso hasta que unas Navidades que fuimos a casa de mi hermano y mi cuñada (pues siempre íbamos a casa de ellos a pasarlas) empezó hablarme pero ella seguía sin creer lo que yo decía, así ha sido sucesivamente, siempre muy a reacia hacía, como si yo fuera una extraña que fuera hacerla daño en vez de ser su madre.

Ahora está igual mosqueada conmigo, mi hija se separó hace más o menos dos años o más de su pareja, ahora está feliz con un chico que se conocían desde la adolescencia, este chico también está separado, el enfado viene porque su exmarido ha venido a casa con sus hijas pues las hijas viven con él y dice que yo le abierto las puertas después de todo lo que ha pasado con el... No he abierto las puertas a nadie porque en primer lugar no es mi casa es la casa de mi hija y yo vivo ahí al igual que otra de mis hijas y no soy nadie en la casa de mi hija para decir tu no entras, tu si entras, yo siempre intentado acercarme a ella pero no se puede porque sigue en lo mismo, sigo siendo la mala y haciendo cosas contra ella (esos son sus pensamientos).

Para mi ser padres es lo más difícil que hay, nadie te enseña como tienes que hacer, tú vas aprendiendo poco a poco y cometes errores claro que si, uno es un humano pero cada padre y madre lo hace lo mejor que puede nadie somos perfectos y mi hija como madre tenía que saber eso, nunca dije que fuera perfecta pero lo hecho y lo sigo haciendo lo mejor que sé, y sé que es muy difícil dar gusto a todos los hijos, cada uno es de una manera de ser de una manera de pensar, y lo que está bien para unos está mal para otros pero es así, siempre he buscado un acercamiento hacia ella pero si ella no quiere nada, nada puedo hacer, me alegro de veras que sea feliz y con eso me basta, mis nietas Sheila y Andrea ya son mayores ya tienen también sus trabajos y viven con su padre, así que están bien, de vez en cuando ven a su madre y yo me alegro de que no pierdan el contacto con su madre, sé que uno se da cuenta de las cosas cuando nos faltan pero para entonces nada se puede arreglar.

Mi infancia

Aunque la gente piense que yo he tenido una bonita infancia no ha sido así no porque me trataran mal ni mucho menos, sino por las circunstancias que me rodeaban, porque mis padres al igual que mis tíos me han querido muchísimo pero aunque yo era muy alegre y siempre cantaba y bailaba también había mucha tristeza por los accidentes que tuvo mi padre cuando una vez le pillo las puertas de la camioneta, la caída del caballo que le dejo los dos brazos para atrás y se los tuvieron que colocar, todo eso me daba tristeza y aparte con el misterio que por aquel entonces se decían y se ocultaban las cosas, recuerdo a mi padre cuando salía de trabajar él se iba a jugar una partidita a la cartas con sus amigos y después yo iba a buscarle, también fue tristeza cuando cayó enfermo, todo el mundo creía que se había vuelto loco pero no era así, una noche mi tía Kety y yo dormimos en la misma habitación que él, pero en otra cama pues había dos camas en esa habitación, no pasó nada solo de vez en cuando mi padre me preguntaba Mari si estaba ahí y le contestaba que si, así él se quedaba tranquilo, por entonces era tan solo una niña y mi corazón se llenaba de tristeza aunque yo dije que no lo llevaran al hospital nadie me hizo caso, entonces por aquel tiempo nadie hacia caso a una niña de 14 años, nadie así que se le ingreso en el hospital militar el mismo día de su cumpleaños a mí eso también me causo muchísima tristeza, pocos día después mi padre fallecía, antiguamente nos hacían muy duros o muy fuertes, no sé cuál de las dos cosas seria, pero recuerdo que a las 7 de la mañana me llevaron a ver dónde seria enterrado mi padre pues a mi padre se le enterró a las 9 de la mañana, a mí me sobrecogió todo aquello porque a los difuntos ahora se les pone de otra manera pero antiguamente impresionaba un montón, creo que la gente que lea esto y más o menos sea de esa época sabrá de que hablo, también había mucha displina y mucho respeto que hoy en día agradezco y les doy las gracias a mis padres por todo ello porque me han hecho fuerte ante las adversidades que después llegarían a mi vida, les doy las gracias por la displina que me enseñaron porque gracias a ello he podido aguantar muchas cosas y también les doy las gracias por enseñarme respeto porque gracias a eso se respetar a las personas, a los animales y a la naturaleza, el respeto es muy importante para estar en la vida, me enseñaron unos valores y unos principios que todavía los pongo en práctica y por eso también les doy las gracias, para mi fueron unos padres maravillosos que educaron a sus hijos lo mejor que ellos sabían.

Pero mi infancia también tenía alegrías cuando venían mis primos a casa a jugar cuando los domingos mis hermanos y mis primos jugábamos al parchís o al pale y mi madre nos hacia un chocolate riquísimo, pues mi madre rallaba el chocolate y después con la leche lo removía con el fuego lento que entonces era de leña lo que había en las casas, pero hacia unas cosas riquísimas y que rico estaba ese chocolate, también salíamos al parque a los columpios que a mí me encantaban y me siguen encantando, siempre quiero subirme a uno pero me da miedo no se vaya a romper, aunque yo soy delgada y menudita y creo que aguantaría mi peso, pero no me atrevo por si me acaso y me quedo con las ganas, también algún domingo íbamos al cine, donde entonces las películas eran de sesión continúan y si llegabas tarde te quedabas en el cine a ver la parte que no habías visto, desde un principio en aquellos tiempos iba mucha gente al cine y sobre todo iba mucho tocón que te empezaba a tocar las piernas o el brazo y te tenías que levantar y cambiarte de sitio, así como cuando le decía a mi madre que me diera dinero para echar a las rifadoras que había entonces y una vez me toco dinero y fui a comprar un montón de cosas para la casa así que estaba más feliz que un regaliz, así trascurría mi vida, hubo momentos muy felices también en mi vida, también me encantan las muñecas de trapo y las muñecas que tienen un tamaño pequeñito, creo que en el fondo sigo siendo una niña grande, sigo siendo una romántica empedernida sigo soñando con mi príncipe azul, pero eso no me ha impedido ser una luchadora y una mujer emprendedora a lo largo de mi vida, he sido una mujer que ha emprendido muchas cosas unas me han salido bien y otras no. Nunca me he rendido, a fecha de hoy todavía sigo emprendiendo cosas me gustan, los retos y los desafíos que me pone la vida, es como un juego que hay que jugar y procurar ganar, hoy en día en estos momentos es el de escribir libros me gusta escribir y trasmitir algo al mundo.

El amor

Hay muchas maneras de amar, está el amor a los padres, a los hijos, a los hermanos, a las amistades, a tu pareja, todo es amor para mi es una palabra que hay que usarla con mucho respeto porque el amor es lo que mueve el mundo, es lo que hace la unión entre los seres humanos, todas las maneras de amar son diferentes pero no deja de ser amor, cuando uno ama y hace cosas por esa persona da igual a quien se lo hagas se ensancha el corazón por lo menos a mí me pasa y si no hago las cosas con cariño ese día me siento mal, no me encuentro a gusto conmigo misma la felicidad creo que justo la da el amor que sientes por lo demás y las cosas que haces, por lo demás a mí me encanta estar enamorada, así me siento por las mañanas cuando me levanto, me siento enamorada del nuevo día que tengo por delante de las personas que están a mi alrededor, de las personas que amo, por las noches doy gracias por tantas bendiciones como he tenido en el día, pienso que hay que estar agradecido por todo lo que uno tiene y porque tu familia está bien.

Creo que estamos llenos de bendiciones, solo que no sabemos verlas porque estamos tan centrados en lo que no tenemos que no vemos realmente todas las cosas buenas que pasan en nuestras vida, es bueno parar de vez en cuando repasar el día y os daréis cuenta de todo lo bueno que hay en vuestras vidas yo nada más abrir los ojos digo una oración eso lo hago en mi día a día, me levanto pronto tomo un zumo de limón, polen y miel y después tomo un café y fumo un cigarrillo, hay días que me cuesta hacerlo pero es un ritual que me viene muy bien pues me despeja mucho pues yo suelo levantarme más cansada que lo que me acuesto no sé por qué, pero así luego mi cuerpo se va amoldando otra vez y ya estoy en forma para ir a mi trabajo ya dije que yo actualmente trabajo en hostelería y es un trabajo bastante duro donde no se para en todo el día.

Ahora ya en octubre empiezo otra vez las clases de francés que me hacen muy bien, es como un estímulo para mí, sé que tengo que dedicarle más tiempo del que le dedico ahora en estos días ya me voy a jubilar y sé que tendré más tiempo para hacer muchas cosas, siento dejar mi trabajo porque tengo unos jefes maravillosos a los que quiero mucho y quiero mucho, también a los clientes mi trabajo los tengo como algo propio y me da dolor dejarlo pero también tengo que darme cuenta que ya llega uno a una edad que aun que quiera no puede y hay que aceptarlo aunque cueste, sé que con la jubilación podre hacer también otras cosas como viajar estudiar más, escribir que me gusta mucho y pasar más tiempo con mis seres queridos, a lo largo de mi vida he perdido muchas cosas y las más importantes han sido mis seres queridos pero también he tenido cosas buenas que la vida me ha dado.

Hay una cosa que la vida me ha devuelto es un ser muy querido para mí y muy especial, ese ser tan querido para mi es mi primo hermano José, la vida al cabo de muchísimos años me devolvió el contacto, pues éramos los dos muy jóvenes entonces y ahora que ya somos mayores nos volvimos a encontrar, ya sé que lo dije anteriormente pero en estos momentos estoy llena de felicidad por ese reencuentro, dentro de mi emergen un montón de emociones, de sensaciones que no se explicar pero al mismo tiempo estoy muy serena, muy tranquila, a lo largo de mi vida me he encontrado con toda clase de hombres pero creo que ninguno ha sabido entender mi corazón romántico, por eso me ha sido muy difícil encontrar al hombre de mis sueños y quedarme con alguien en concreto quizá porque mi amor lo di siendo muy jovencita y ese amor se quedó siempre con la persona que se lo di y ya no tuve más para dar a los demás, puede ser, puede ser que me gusta ser libre, puede ser, sea lo que sea sigo esperando a ese príncipe azul que en alguna parte se encontrara y aparecerá.

Como soy yo

En realidad soy una mujer que soy una romántica incurable como romántica que soy también soy nostálgica y siempre sueño que el hombre de mis sueños me ponga un anillo en el dedo llegara, no lo sé pero yo sigo soñando, sé que algún día llegara, soy de la creencia que los sueños se cumplen siempre que creas verdaderamente en ellos, en estos momentos estoy en la edad de la jubilación pero interiormente me siento una mujer joven y con bastante energía, soy de las mujeres que piensan que no eres la edad que tienes sino como te encuentras interiormente, en este momento ya dije que tengo un montón de emociones que bullen dentro de mí, quizá porque he vuelto a encontrarme con mi primer y gran amor, quizá porque me ha demostrado que él también se acordó de mí... Cuantas vueltas da la vida, a veces en estos momentos siento toda clase de emociones y espero impaciente el momento de poder vernos de nuevo.

Yo no digo que los hombres que han pasado a lo largo de mi vida no me hayan querido a su manera pero como no era como yo creo que se tiene que querer y como es el verdadero amor enseguida me cansaba y dejaba las relaciones ¿Para que perder tiempo si a mí no me llenaban? además hay que ser coherente lo que dices con lo que haces y yo no veía coherencia, yo no digo que no fueran sinceros pero a mí no me llenaban, yo siempre digo que el amor se demuestra con hechos no solo con palabras, pero respeto la forma de ser de los demás, pienso que no todos somos iguales y cada persona tiene su forma de amar de actuar y de pensar, de ser por eso cada persona somos diferentes unos de otros y es lo que hace la personalidad y en el encanto a cada persona, en ese contraste esta lo interesante de la vida .

Mis tiempos de estudiante

Empecé con 5 años en un Jardín de Infancia, pues en mis tiempos no se matriculaban antes de los 5 años a los niños en el Jardín de Infancia, hice mi primera Comunión, que como me ha pasado otras veces no tengo muchos recuerdos de ella, lo que más recuerdo es que me rompí el vestido subiendo unas escaleras de un convento para que una prima de mi tío que era monja me viera, eso es lo que más recuerdo, de lo demás no puedo decir mucho sé que se celebró en un restaurante pero no tengo ni idea de la gente que estuvo conmigo, también me pasa con la comunión de mi hermano el pequeño no recuerdo nada y para entonces yo ya tenía 11 años, quizá quise olvidar por alguna razón, no lo sé, creó que todo el mundo recuerda esos días tan importantes de su vida, pero yo soy incapaz de hacerlo, también me pasa con el día de mi boda no recuerdo casi nada, quizá por alguna razón quedaron enterrados en el fondo de mi subconsciente y quizá sea mejor así.

Con 8 años ya no se podía estar en el Jardín de la Infancia así que pase a estudiar con las monjas Benedictinas, actualmente el Jardín de la Infancia es un comedor social. En aquellos tiempos el colegio de monjas era un poco tétrico y más el mío que eran todo monjas de clausura, sucedía que daban clases porque el Papa les había levantado la clausura para que pudieran enseñar, recuerdo el primer día cuando mi madre fue hablar con las monjas para mi admisión, fuimos mi hermano pequeño y yo la verdad que estaba muy oscuro, todo las monjas todas vestidas de largo y de negro, mi pobre hermano yo no sé qué pensaría que se puso malísimo con las monjas, estuve hasta los 14 años estudiando, si puedo decir que como las monjas y los curas para enseñar es lo mejor, para mi fueron tiempos muy buenos y que recuerdo con mucho cariño aunque también había algunos piques entre las compañeras pues había de clase alta y clase media y cuando se enfadaban unas con otras empezaban que si mi padre es esto y tu padre aquello, tonterías de niñas, yo tenía una buena amiga en el colegio se llamaba Mary Carmiña y también los domingos salíamos junto con ella, vivía cerca de mi casa, y su madre y la mía se conocían, también paseábamos con unos estudiantes de otro colegio pues antes los colegios eran de chicas o de chicos no había mixtos, también había otra chica con la que jugaba a la salida del colegio pero no era amiga, era compañera, se llamaba Teresa, a mi es un nombre que siempre me gusto, pero no como Tere ni Maite sino solamente Teresa, quizás porque soy una admiradora de Santa Teresa de Jesús Doctora de la Iglesia, para mí fue una gran mujer adelantada a sus tiempos y luchando en aquellos tiempos duros donde a la mujer la ponían obstáculos para todo, pero a pesar de todo fundo y reformo conventos en la historia, hay grandes mujeres como Madame Curie que gracias a ella tenemos las radiografías, las hermanas escritoras que para poder publicar sus libros tenían que publicarlos con nombres de hombres porque si no podían publicar y tuvieron un gran éxito, lo que escribieron fueron mujeres que lucharon por lo que creían y lo lograron.

La historia también ha dado grandes hombres que gracias a ellos se pueden curar muchas enfermedades y podemos tener todo lo que tenemos, han sido investigadores que dedicaron su vida al bien de la humanidad, hoy en día queda mucho por descubrir hay enfermedades para las que todavía se necesita descubrir medicamentos y descubrir en el mundo de la psiquiatría el funcionamiento de la mente puesto que hay muchas causas mentales que todavía no se saben porque pasan por lo que habría que estudiar la causa que las produce en vez de dar medicinas, pues si no se descubre la causa poco se puede hacer por muchas medicinas que se den hay que trabajar en el problema porque si no el problema siempre estará ahí.

Quiero decir que el llevar tantísimos años cara al público me ha dado un poco de psicología y nada más ver a la persona se si esa persona tiene problemas y la pregunto qué le pasa y me lo cuenta como no soy psicóloga lo que hago es escucharla darle un abrazo y un beso muy fuerte y decirla que todo en este mundo tiene una solución yo ya dije que no soy una mujer perfecta y estoy llena de imperfecciones, a lo largo de mi vida tengo cosas de las que arrepentirme, por el hecho de no ser perfecta cometí errores, ahora en la actualidad estoy más atenta a no cometer errores e ir perfeccionándome pero como soy humana y no existe la perfección por lo tanto seguiré cometiendo errores pero menos, eso sí, jamás hice daño a nadie por lo menos sabiendo que lo hacía si he hecho daño sería inconscientemente, tampoco juzgo a nadie creo que cada persona tendrá su motivo para hacer las cosas que hace, no soy nadie para juzgarlas, son seres humanos con sus virtudes y sus defectos como todos ¿Entonces quién soy yo para juzgarlas? Nadie. Además últimamente solo siento amor por las personas que me encuentro en el camino, ya dije que yo me convertí a la religión protestante, a mí la religión que me enseñaron mis padres no me llenaba, la respeto pero no iba conmigo, estaba vacía, en la religión protestante encontré una fe diferente que te da fuerzas yo trabajo mucho con mi mente y con mis pensamientos para que nada malo me venga.

También estudie un poco de metafísica eso también me ha ayudado mucho a lo largo de mi vida, he caminado sola y lo único que me acompañaba era mi fepero de lo que habla exactamente es de no tener una pareja a mi lado con quien haber podido hablar con quién haber podido compartir, en quien apoyarme y amar, nunca tuve esa pareja, hombres los hay a montones... Y perdonar mi arrogancia pero es verdad, a montones pero una pareja como yo la querría no existe en la actualidad, me gustaría tener una pareja a mi lado pero pienso que no me adaptaría a estar con alguien después de 32 años estando sola, a veces pienso que si, a veces pienso que no, solo el tiempo y el Universo saben lo que tienen preparado para mí de momento.

Sigo con mi vida ahora como ya dije ya preparo mi jubilación, espero poder viajar y dedicarme a escribir, lo demás ya llegara si tiene que llegar, recuerdo los tiempos en que mis hijos eran pequeños y tenía que llevarles al colegio y luego ir a mi trabajo que odisea levantarlos, vestirlos, el desayuno y corre que te corre otra vez para llegar a tiempo a mi trabajo, recuerdo yo tenía dos pares de zapatos negros a veces salía tan deprisa que me ponía los zapatos corriendo y me iba a la calle cuando ya había dejado a mis hijos en el colegio me encontraba rara andando y no sabía porque hasta que me miraba los pies y el resultado era que llevaba un zapato de cada clase, ya no podía volver a casa a cambiarme los zapatos así que pensaba, bueno la gente creerá que es una moda de llevar los zapatos, que odiseas pero esto no me paso solo una vez, me paso varias veces hasta que ya no salía sin mirarme bien los pies, poco a poco se fueron haciendo mayores ya empezaban a ir solos al colegio, aunque los primeros días lo pasaba muy mal pensando si llegarían bien hasta que ya cogí confianza en que todo estaba bien, luego ya se hicieron más mayores, ya fueron también cambiando aunque todavía me hacían travesuras hasta que se hicieron mayores del todo, ahora cada uno tiene su trabajo en la actualidad yo vivo con dos de mis hijas y mis cuatro nietos, los otros tres hijos son bastantes independientes, ellos viven sus vidas, aparte la verdad que los veo muy poco porque viven más lejos tienen sus trabajos y la verdad tienen poco tiempo para venir a verme.

Mi gran y único amor

Ya comente al principio del libro algo sobre ese amor, ya dije yo solo tenía 14 años y él 21, también dije que él se casó recuerdo ese día que me dijo que se casaba yo me hice la fuerte, no demostré nada, pero por dentro mi corazón lloraba y se partía en pedazos, ese corazón mío quedo roto para siempre hasta la fecha que lo volví a encontrarlo, él ha vuelto a curar ese corazón que el un día rompió, hoy mi corazón está curado está feliz, otra vez vivo ese amor que siempre estuvo dentro de mi corazón.

En la actualidad, soy la mujer más feliz de la tierra por amor, por ese amor que te hace cantar, reír, bailar y no te deja dormir.

Recuerdo también cuando había programas de televisión de esos que encontraban a la gente que hacía muchos años que no se veían y los volvían a reunir, yo siempre me preguntaba porque nadie escribe a ese programa para yo poder encontrar a mi primo.

Ya dije también que el escribir una carta sin saber si estaba equivocada o no, fue lo que me devolvió al gran amor de mi vida. A lo largo de mi vida he tenido muchos hombres a mi alrededor de todas las edades y condición social, pero siempre he estado sola al poco tiempo de salir con algún hombre me cansaba, me aburría y empezaba a verlos defectos por todas partes, mi cuñada Merce, (que en paz descanse) mujer de mi hermano el pequeño me decía Mary tú te vas a quedar sola porque a todos los hombres los sacas defectos, el que no tiene una cosa tiene otra, eso no puede ser así me decía ella, quería que yo encontrara un buen hombre y fuera feliz cuanto la echo de menos.

La fuerza

La gente que me conoce dice soy una mujer fuerte y nada más lejos de la realidad, soy una mujer que necesito mucha protección, que necesito muchos abrazos y palabras de aliento, si es cierto que he tenido mucha fuerza para hacer de padre y de madre, he realizado labores de hombre como de mujer y cuando miro atrás no sé cómo pude hacer todo lo que hice, creo que Dios cuando nací me dio la fuerza y energía necesaria para poder hacerlo sabiendo el camino que tomaría mi vida.

Pero hoy en día estoy orgullosa de haber sacado 5 hijos adelante sola y que salgan buenos, no es nada fácil, pero puedo decir que son buenos chicos y chicas y que me quieren y son atentos conmigo a pesar de los errores que haya podido cometer como madre pues nadie te enseña a serlo no hay una universidad donde te enseñen a ser madre o padre, siempre estuve pendiente de los pasos y camino por donde ellos iban yo a veces callaba y observaba, otras procuraba dar las vueltas a mis palabras para que ellos no se dieran cuenta de lo que quería saber y me contaran sus cosas y así lo hacían, me las contaban y así sabía más o menos su caminar, a donde iban con quien iban, creo que mi truco para tener su confianza no era regañarles sino aconsejarles y preguntarles, ¿Tú crees que lo que estás haciendo está bien, no crees que si lo hicieras de otra manera seria mejor? Ellos me decían pues si mama o mama no si no les salía bien venían y me daban la razón.

Mis hijos me han dado problemas, claro que si, como todos los hijos los hemos dado a nuestros padres, yo también los di y mis hermanos también ¿Quién no ha dado problemas a sus padres? Todos, pero también los hijos dan risas y alegrías, hoy en día todavía siguen contándome las cosas que les pasan, tanto las buenas como las malas, creo también que cada hijo es diferente, tiene su propia personalidad y carácter y a cada uno tienes que tratarlo según su personalidad y su carácter, no se puede meter a todos en el mismo lote porque cada uno piensa y siente de diferente manera, ese es otro truco que me ha dado buenos resultados... Y otra cosa es que jamás compare a unos con otros, cada uno de mis hijos es como es con su personalidad su carácter y yo los respeto y los quiero así como son, hace unos días me hicieron una pequeña fiesta por mi jubilación, me dieron una sorpresa pues yo no sabía nada y me hizo muchísima ilusión y me lleno el corazón.

Hoy en día sigo manteniendo esa fuerza y esa energía aunque ya un poco menos, quizá porque ya no la necesito tanto estoy recordando que a veces la gente me preguntaban porque no metía a mis hijos internos, les contestaba que mientras tuviera un trozo de pan para darlos estarían siempre conmigo, ya dije que nunca perdí mi fe, por lo tanto creo que en mi caminar siempre estuve acompañada de fuerza mayor que nunca me abandono en mis dificultades, a lo largo de mi vida he notado el cariño de la gente como también las envidias, pero de todo aprendes en la vida, la vida te va moldeando poco a poco sin darte cuenta, te moldea para seguir en el camino, pero ya haciendo las cosas más sosegada y con más compresión que cuando eres joven que uno es más impulsivo, si les digo la verdad a pesar de todo lo que haya podido pasar en mi vida no me cambio por nadie ni tampoco cambiaria los años que tengo ahora por los años más jóvenes, puesto que en estos me encuentro maravillosamente.

Mis aficiones

Me encanta montar a caballo y la verdad amo a ese animal tan elegante y noble, monte a caballo por primera vez cuando tenía dos añitos, era una yegua preciosa de color marrón llamada Campana, también me gusta leer y pasear, la música escribir y me gusta mucho visitar pueblecitos que tenga un rio pero me apasiona el mar, el ruido del mar y sus olas, cuando el mar esta bravo me apasiona, me encanta pasear por la orilla del mar al amanecer cuando todo está en calma y al anochecer para ver el mar bañado por la Luna, cuando voy a Santurce donde vive mi hermano Santi no suelo separarme del mar, me levanto muy pronto y lo primero que hago es ir al mar hasta que mi hermano más tarde viene a buscarme, me encanta mirar la inmensidad del mar y oír su ruido, me gusta mucho también el silencio del amanecer en la ciudad y el silencio de la noche, a veces me asomo a la ventana y en el silencio miro al cielo y la Luna y siento mucha calma, el canto del gallo en los pueblos me hace sonreír, también me gusta ver películas, hay tres de ellas que nunca me canso de verlas son Patty Woman conoces a Joe Black y Ghost Julia Roberts es una de mis actrices favoritas al igual que me gusta Brigitte Bardot, actores favoritos tengo alguno como Richard Gere Harrison Ford y Michael Douglas Clif Estanfor, mi diseñadora favorita siempre fue Coco Chanel, además creo que tenemos algo en común, un solo y único amor, muchos hombres alrededor y siempre solas, soy una mujer que me encanta creo que como a toda mujer la ropa y los perfumes, no soy una mujer de joyas, prefiero la bisutería porque puedes cambiar mas según la ropa que lleves creo que lo puedes combinar mejor con la ropa, nunca he seguido al moda tengo mi propio estilo sin preocuparme si se lleva esto o lo otro.

Lo antiguo

A mí me gustan las cosas antiguas, me sigue gustando escribir cartas la moda de los años 20 a los 70, los muebles antiguos que están muy bien y caben muchas cosas pues tienen cajones muy grandes y profundos, los juegos de té y cafeteras antiguos además de ser también muy decorativos lo que me gustaba de las casas en la antigüedad es que las personas que las habitaban las tenían cargadas de muchísimas fotos, ese no fue mi caso pues a mi madre al igual que yo no era de tener fotos expuestas, a mí no me gustan las casas recargadas de cosas me gustan tengan pocas cosas me gusta ver espacio, si es verdad me gusta tener unos cuantos cuadros que den color y unas cuantas plantas de hojas altas no sé si dije que a mí me gusta la pintura abstracta porque tiene mucho colorido y da alegría a las casas, hay una cosa que tampoco me gusta y son las alfombras creo que aunque hay aspiradoras cogen mucha suciedad y a mi particularmente me gusta ver los suelos simplemente sin nada solo con su color, las casas particularmente me gustan pintadas de blanco con ciertos complementos de color es ideal por lo menos para mí, con la cocina me pasa lo mismo, me gusta este despejada no me gusta tener mucha vajilla solo lo justo me agobia mucho tener muchas cosas a mí me gusta ir a un armario y coger las cosas que necesito pero no soporto para tener que sacar una cosa tener que quitar 20 por eso suelo tener lo que necesito para el día a día además cuantos más cosas se tienen más hay que limpiar, las lámparas tampoco me gustan muy recargadas prefiero las lámparas de mesa son más cómodas y más acogedoras también me gustan mucho las mecedoras eso de sentarme y mecerme para mi es una gozada, lo que no me gusta de estos tiempos es que la mayoría de las casa las hacen miniatura, hay pocas que sean amplias y si las hay la mayoría están afuera de la ciudad ahora es todo muy reducido y está todo muy junto, salón, cocina, habitaciones prácticamente la gente no tiene mucha intimidad, será que como yo viví en una casa muy grande donde las habitaciones están al final del todo y no estaban juntas, tenían un margen de separación unas de otras, ahora las habitaciones están en el salón al lado de la cocina todo muy junto y tienes que andar con mucho cuidado de no hacer ruido para no molestar a la persona si está durmiendo, creo que tenían que hacer las casas más amplias yo he visto casas que estaba todo tan junto que dos personas a la vez no se podían ni mover.

La gente hoy en día también tiene hijos, menos que antes pero también se tienen, y vender o alquilar esas casas tan pequeñas la verdad no me parece correcto y menos por el precio que piden, creo que las personas teníamos que poner un poco de corazón en lo que hacemos en vez de pensar en tanto poder adquisitivo y ponernos un poquito, solamente un poquito en el lugar de la otra persona creo que haríamos un mundo mejor.

La programación

Mi tía Kety decía que cuando nacemos nuestro cerebro nace limpio de información, después lo que escuchas se va grabando como en un disco y lo vas aprendiendo, entonces yo me pregunto ¿Porque no se cambian las palabras de no puedes por las palabras de si puedes? Porque la palabra si puedes te da motivación para conseguir lo que te has propuesto en la vida ya sea una carrera, una empresa o un trabajo que a ti te guste hacer o cualquier otra cosa, en mi casa la palabra que yo siempre solía escuchar era que éramos tontos y no valíamos para nada, a mi esa palabra no me afecto mucho como otras muchas tampoco me afectaron, porque siempre fui rebelde y siempre hacia lo que yo quería, a veces me salía bien otras no, pero creo que el más perjudicado hasta el día de hoy fue el segundo de mis hermanos.

Era una niña que reía mucho y a mi decían -¡Ay! Niña que tonta eres, siempre te estas riendo.- Mi hija Clara Isabel también ríe mucho y de pequeña siempre estaba riendo, pero yo en vez de decirla que era tonta por reírse la preguntaba Clara -¿Porque ríes tanto?- Ella me contestaba -Mama porque soy muy feliz- ¿Habéis visto la diferencia de decir o preguntar las cosas de manera diferente? Con esto no quiero echar la culpa a nadie, eran diferentes maneras de educar, pero para mí equivocadas, no digo que no se eduque a los hijos y se les de unos valores morales y unos principios pero no bajo base del miedo y baja autoestima sino bajo el dialogo y la compresión.

En las Universidades se va a estudiar una carrera pero pienso que tenían que tener una asignatura de educación y respeto, el dialogo de padres e hijos creo que es muy importante para un óptimo entendimiento y unas buenas relaciones entre ambos, en estos tiempos falta mucho dialogo puesto que hay muchas horas que hacer en un puesto de trabajo, salario mínimo, muchos pagos fijos que hay que afrontar y se está cansado tanto físicamente como psicológicamente, la política tenía que cambiar para que haya familias con una base, unas buenas relaciones para que las nuevas generaciones tengan un gran futuro y un país limpio y rico, creo que me he desviado un poco de los hombres, pero en realidad lo que cuento son mis vivencias y mis experiencias con hombres y sin hombres, cuento mis sentimientos mi manera de ver las cosas en un mundo bastante complicado por nosotros, por lo que marca la sociedad que te dice lo que tienes que tener y lo que no, porque el mundo en realidad es sencillo si piensan en la selva los animales que viven allí conservan su entorno respetan su espacio y conviven entre ellos, el mundo está perfectamente hecho cada cosa está en su lugar haciendo su función, la verdad amo mucho la vida y el mundo donde vivo, que mejor que mantener momentos en los que me encuentro maravillosamente.

El final

Este libro llega a su fin, lo que está escrito es todo real aunque algunas cosas parezcan ficticias no lo son, son reales y no puedo echar la culpa a nadie pues fueron las decisiones que yo tome a lo largo de mi vida, las que me llevaron a pasar por todo eso que pase, pero no sabía hacerlo mejor y aprendí poco a poco hacer las cosas si no bien, al menos mejor, puedo decir que Dios me dio dos cosas muy importantes para seguir adelante, la fe y salud, para algunos habré hecho las cosas bien y para otros mal pero yo las hice como supe hacerlas en esos momentos, aprendí a base de caerme y levantarme y cada caída me hacía más fuerte, siempre me he preocupado de mi vida sin juzgar a nadie eso si, he podido ayudar en algunos momentos lo hecho, cada persona toma sus propias decisiones, unas son acertadas otras no, porque nadie nacemos con unas instrucciones que nos digan cómo debemos hacer las cosas como ya dije, como humanos cometemos errores y tenemos que aprender de ellos, unos cometen más errores otros menos jamás he guardado rencor a nadie y por eso quizá a pesar de todo lo que ha pasado en mi vida he vivido en paz conmigo misma, siempre mire para adelante nunca mire atrás y creo que cuando uno mira atrás es retroceder en los sueños que quieres lograr, es tiempo que pierdes porque no estás pensando en lo que quieres lograr así que siempre hay que mirar para adelante, hoy en día seguiré mirando adelante para lograr en todos los sueños que tengo y quiero cumplir, hoy en día estoy disfrutando de mi jubilación y estoy encantada de poder hacerlo, hoy en día tengo que dar gracias porque me siento joven y tengo a mis hijos mayores tres nietas mayores y tres nietos que están creciendo llenos de salud y energía y eso es maravilloso, quiero decir que fui madre muy joven y abuela muy joven pero todo tiene sus ventajas, soy una mujer que sigo madrugando. que me gusta levantarme pronto porque me gusta aprovechar el tiempo, porque lo único que no podemos recuperar es eso, el tiempo, a veces no nos damos cuenta del tiempo que perdemos en posponer las cosas diciendo llamare mañana, iré mañana, pero el mañana no existe, solo tenemos el hoy y es el momento de hacer las cosas, hoy es cuando tenemos que decir te quiero, el hacer esa llamada telefónica el ir a ver a esa persona que hace tiempo no ves, hoy es cuando hay que dar un beso a la personas que quieres, no dejemos lo que queramos hacer para mañana porque en realidad... ¿Dónde está el mañana? No perdamos tiempo en el mañana, lo que tengamos que hacer o decir a nuestros seres queridos, nuestras amistades hagámoslo ahora pues es el momento que tenemos, yo también todos los días al despertar doy gracias por el nuevo día que tengo por delante y que para mí es un hermoso regalo, será quizá porque yo amo mucho la vida, pienso que a pesar de las dificultades por las que pasemos cada uno la vida es bonita, personalmente lo que me ayudó mucho a lo largo de mi vida fue leer novelas románticas y libros metafísicos, las novelas románticas me ayudaban a soñar y los libros metafísicos me ayudaban a controlar la mente, la verdad que a veces un libro cae en tus manos cuando más lo necesitas o una palabra de que te dice otra persona y te hace pensar y le das toda la razón, a mí eso me ha pasado muchas veces en ese momento, no te das cuenta pero luego te recuerdas de que si ese libro o esa persona que me dijo tal y cual también me ha ayudado mucho el trabajar tantos años pues cuando trabaja no te acuerda en ese momento de los problemas que tienes aunque después yo sé que el problema sigue ahí, que no se ha esfumado por arte de magia y ahora que hablo de magia ¿Sabéis que me gusta mucho? La lámpara de Aladino, eso de que frotas una lamparita te sale un genio y cumple todos tus deseos, es genial aunque yo creo que el universo es como la lámpara de Aladino le mandas un deseo y el universo se prepara para concedértelo ¿No os pasado nunca? A mí me ha pasado varias veces, aunque ya dije que todavía me faltan muchos sueños por cumplir que el universo los está preparando para enviármelos, hoy quiero dar las gracias a todas las personas que estuvieron conmigo en los momentos difíciles y las que no lo estuvieron porque las que estuvieron me dieron fuerza y ánimo y las que no estuvieron me enseñaron aprender.

Pedro y Carmiña

En este libro quiero dedicar un pequeño capitulo a los que fueron mis jefes actuales, que puedo decir de ellos que para mí son unas bellísimas personas, he estado 4 años trabajando con ellos, digo ellos pero los que trabajamos en el restaurante era mi jefe y yo solos entre nosotros logramos formar un buen equipo y el buen funcionamiento del restaurante con mucho respeto y cariño de la clientela.

Su mujer Carmiña trabaja en otro sitio y venía a comer sobre las cuatro, es también muy buena persona al igual que la familia de ellos, su hija Carla cuando yo entre a trabajar solo tenía 8 años y ahora ya tiene doce, toda una señorita, yo la quiero mucho al igual que a sus padres pues realmente coges cariño a la gente con la que estas todo el día, prácticamente de la clientela puedo decir que les cogí mucho cariño, me dio mucha pena marcharme pero ya era hora de retirarme de mi trabajo, no iba acabar arrastras (agotada) no me gusta quedarme en un trabajo por ganar un poco más, no merece la pena, es mejor retirarse a tiempo con salud y con ganas de hacer otras cosas nuevas, cada edad tiene su momento y cada cual es bonita y tiene sus ventajas ¿Alguien pensara que ventajas tiene el hacerse mayor? Pues si, el hacerse mayor también tiene sus ventajas y además buenas, sé que me ha dolido más dejar mi trabajo porque prácticamente yo ese trabajo lo sentía como si fuera mi propio negocio y he luchado junto a mi jefe como si fuera mi propio negocio, solo espero que la persona que este con ellos mire por ese negocio y lo mantengan porque nos costó bastante lograr que el restaurante se llenera como a veces se llenaba, que no había sitio para más gente yo les deseo mucha suerte. Gracias Carmiña gracias Pedro y gracias también a ti Carla por tu cariño.

Llego el final de este libro que espero les guste, la primera parte fue muy bien acogida y espero que esta también lo sea, este libro al igual que al primero lo escribí con cariño y con ilusión y esperando que la gente que lo lea pueda aprender un poco de mis errores así que espero que le sirva a mucha gente mis experiencias vividas.

Agradecimientos

Quiero agradecer a todos mis lectores que leyeron mi primera parte, les estoy muy agradecida por su confianza y su cariño Y doy gracias también a mi hijo Luis Conrado que como en la primera parte estuvo en la esta segunda parte, también él se ha encargado de corregir el libro y de su ilustración, también quiero dar las gracias a mis maravillosos amigos Adriana y Joaquín que han estado compartiendo conmigo mis alegrías y mis tristezas. Sabéis que os quiero mucho, también quiero dar las gracias a mi hermano Peter que siempre está ahí y que sé que puedo contar con él y por supuesto quiero dar las gracias a mi primo que me ha devuelto la alegría y ya sabes que te amo mucho desde estas letras mi más sincero agradecimiento a todos y que Dios los Bendiga.

Escribiré otros libros pero ya serán otros temas, esta segunda parte me ha costado un poco más que la primera, pues no ha sido nada fácil remover el pasado, una vez más...

...GRACIAS A TODOS.

Printed in Great Britain
by Amazon